博雅经典阅读文丛

On Liberty
论自由

[英] 约翰·密尔◎著 / 尹丽莉◎译

煤炭工业出版社
·北 京·

图书在版编目（CIP）数据

论自由/（英）约翰·密尔著；尹丽莉译.－－北京：煤炭工业出版社，2016

ISBN 978－7－5020－5539－4

Ⅰ.①论…　Ⅱ.①约…　②尹…　Ⅲ.①自由—研究　Ⅳ.①D081

中国版本图书馆 CIP 数据核字(2016)第 249323 号

论自由

著　　者　（英）约翰·密尔
译　　者　尹丽莉
责任编辑　马明仁
编　　辑　郭浩亮
封面设计　左小文

出版发行　煤炭工业出版社（北京市朝阳区芍药居 35 号　100029）
电　　话　010－84657898（总编室）
010－64018321（发行部）　010－84657880（读者服务部）
电子信箱　cciph612@126.com
网　　址　www.cciph.com.cn
印　　刷　北京市松源印刷有限公司
经　　销　全国新华书店

开　　本　710mm×1000mm 1/16　**印张**　17 1/2　**字数**　300 千字
版　　次　2017 年 1 月第 1 版　2021 年 1 月第 2 次印刷
社内编号　8402　　**定价**　35.00 元

目　录

第一章　导论　/ 3

第二章　思想言论的自由　/ 17

第三章　个性——幸福的一个因素　/ 57

第四章　社会对个人权力的限度　/ 77

第五章　自由原则的应用　/ 97

Chapter l：Introductory　/ 123

Chapter II：Of the Liberty of Thought and Discussion　/ 143

Chapter iii：Of Individuality, as One of the Elements of Well - Being　/ 193

Chapter IV：Of the Limits to the Authority of Society over the Individual　/ 219

Chapter V：Applications　/ 245

题　词

本书的全部论证，指向一条最基本而首要的原则，亦即，人类最丰富而多样的发展具有毋庸置疑的重要性。

——洪堡

《政府的权限与责任》

这是对她珍贵而悲痛的纪念，她是我作品中所有最佳部分的灵感启发者、某种程度上的作者——作为朋友和妻子，她对真理和正义的高贵感悟是对我最强烈的激励，她的嘉许是对我的主要奖赏——我因此而将本书奉献给她。与我在许多年里所写的所有作品一样，本书属于我，也属于她；但是，本书现在所呈现的样子，很大地得益于她的修改，即使这样说也不充分；它的一些最重要的部分一直等待更加细心的再推敲，这个愿望现在已无法实现了。对于埋藏在她墓中的伟大思想和高贵情感，如果我能向世界说明一半，则必将让世界更大地受益，失去她高超智慧的鼓舞和襄助，我能写出的任何东西都黯然失色。

On liberty

第一章　导论

本文所要论述的“自由意志”并不是所谓的与“必然论”相对立的“自由意志”，而是公民自由或社会自由，即社会对个人可以合法行使的权力的性质与限度。这是一个简要说明，很少有人对此进行陈述，也几乎无人用通常用语对此进行讨论，但是，它的存在却缓慢而深刻地影响了这个时代的很多实际争论。而且不久之后，也可能被认为是将来的主要问题。这也不是一个新的问题，因为，就某种意义来说，在远古时期，它几乎就已经令人类有了分歧；但是，现在某些较为文明的人类已进步到了一个新的阶段，呈现在一个新的情况之下的这个问题，它需要我们用一种不同的甚至是比较根本的态度去处理。

对于我们最先熟知的历史，尤其是在古希腊、古罗马和英国的历史中，最显著的特征就是自由和权势的斗争。但是，在较为早期的时候，这种斗争都是在被统治的人民，或者说是统治者之中发生，还有就是某些阶级与政府之间的争斗。所说的自由，在当时就是指去抵抗政治统治者的专制行为。认为这些统治者（古希腊的一些民主政府除外）是与其所统治的人民，处于敌对的状态。他们可能是主宰一切的个人，也可能是一个实行统治的宗族，或者是一个世袭统治的阶级，继承或征服是他们获得权力的方式。他们完全不靠取悦被统治者来维护自己的权力；虽然人们会反对他们滥用权力，因而也采取了种种预防措施，但是，却不敢、也不想将他们那至高无上的地位推翻。他们的权力被认为是必要的，但是，也被认为是很危险的；他们会被作为一种武器，用来抵御外来的敌人，同样也会被用来对付被统治的人民。想要保护团体中的弱势分子不会被数不清的秃鹰所吞噬，就需要用一个更加凶猛的动物来镇压他们。但是，因为秃鹰之王对它同类的蓄意残害，并不亚于它对于其他较小的鹰类的残害，所以，它的同类就不得不经常保持戒备。因此，爱国人士的策略，就是限制统治者对社会控制所必须行使的权力，而这个限制就是他们所谓的自由；限制权力，曾经有两方面去尝试：一方面是获得一些特许权利的承认，这个被称为政治自由或承认权利，假如这些权利受到侵犯，就被视为是统治者的失职，人民从事各种抵抗或者是集体叛变就有了理由。

另一方面是比较后期的一种办法，就是确立一些政治制约，令统治者必须取得社会的同意来从事比较重要的行动，或是假定某些可以代表社会利益的团体的同意，以此为必要条件。在上述两种限制方式中，第一种的限制方法在大多数的欧洲国家，他们的统治权力已经或多或少的被迫接受了；第二种方法却不能这样，要实现这种限制，或者说达到某种程度的限制，就成为爱好自由人士的主要目标。但是，回顾人类历史，只要人类满足于以一个敌人对付另一个敌人，并且能够在一些有效的保证之下，不受到专制者的迫害，那么他们将安于被一个人统治。他们也就不存在除此之外进一步的愿望。

但是，后来随着人类事务的进步，一个时代来临了：人们就认为，没有必要再让那些与自己利益相反的统治者成为一个独立的力量。在他们看来，假如能令国家的各种官员，成为他们的委托人或中介，可以随意将中介或委托的关系解除，这样比较好。好像也只有用这种方式，才可以使他们有充足的保障，也永远不会受到政府滥用权力的迫害。这是一个推选担任短期的统治者的新的要求，凡是那些有民主政党存在的地方，都逐渐地成为他们努力的重要目标，并且在很大程度上也将以前限制统治者权力的努力取代了。人们必须要使统治权力由被统治者的定期选举产生。就在这个运动进行斗争的时候，有人开始感到以前过于重视对权力的限制。看起来，限制权力只是一种对付习惯于违反人民利益的统治者的手段。目前需要的是，统治者必须与人民的利益保持一致：他们的利益和意愿与国家的利益和意愿必须是一样的。这样一来，人民不需要防范它自己的意愿，也不必恐惧它可能残害它自己。它可以令统治者有效地对它负责，有需要的时候就迅速地加以更换，因此，尽可以把自己可以支配的权力放心地交给他们。他们的权力，不过是国家的权力集中起来，以一种便利的方式去行使。这种模式，或者不如说是情感模式，在上一代欧洲的自由主义之间，十分普遍，就是到了今天，仍然在欧洲的大陆国家中占据很显著的优势。在欧洲大陆的政治思想家之中，那些依然认为应该或多或少加以限制政府作为的人（除了他们认为根本不应该存在的那种政府以外），可以说是例外了。如果这种想法在有利的环境下维持不变的话，或许这种类似的论调已经在我们自己的国家中占据优势了（指英国）。

但是，在政治和哲学的理论里面，同样和人的成功类似，掩饰的缺憾和弱点常常因成功被暴露出来。只可能在梦想之中存在的民主政府，或是只可能在书本上看到民主政府，那只在曾经遥远的过去存在，这一种观念——就是看起来人民不需要去限制自己的权力是天经地义的。就如同法国大革命，即使是一时脱离常轨，也不一定会令这种观念动摇，因为也只是由于少数几个人的胡作非为，它所表现出来的最坏的一面才会发生。从任何一方面来讲，这不能算是大众体制的常规状态，而是仅仅反对皇室和贵族专制的情绪，才会导致突然爆发，但是不久，就出现了一个民主共和国，地球上很大的一片土地都被它占据了，它被认为是国际社会中最壮大的一员；于是就随着既存的事实，民主政府也就成为被观察和被批评的对象。现在有人发现，像“自治”与“人民管理自己的权力”这类的用语，真实的状况并不能表现出来。那些所谓行使权力的“人民”，通常并不是等同于被权力所支配的人民；而我们所说的“自治”，也不是每个人自己管理自己的政府，而是由支配所有人民的人来管理每个人。所谓的人民的意愿，实际上是指最多数或是最活跃的一部分人的意愿，所谓最多数，是指极多数，或者使自己能被认为是多数的那些人；结果是，人民要压迫他们中间的一部分人，而为了预防这一点，就有了与防止其他权力的滥用的同样需要。所以并不因为掌握权力的人要对社会，或对最强的政党忠实的负责而限制政府对个人的权力，这并不会减少它的重要性。没有经过什么困难，对这一件事情的看法就可以确定。因为，它既适合思想家的智慧，又一语道破地指出在欧洲社会中，某些重要阶级的意向，他们的真正利益以及预计的利益都与民主政治相对立。而在现如今的政治推论中，普遍的认为“多数专制”是必须被列为需要防范的罪恶之一。

同其他的暴政一样，多数专制从来就被一般人畏惧，主要的理由是它依仗公共机关来发挥作用。可是，深谋远虑的人认识到，当社会本身成为暴君的时候（社会作为集体凌驾于构成它的各个人之上），它专制的方式并不限于通过其政治机构而采取的行动。社会可以执行，也的确在执行它自己的命令；假如它所发布的命令是错误的，或者是牵涉到它不该牵涉的事，那么，它所实施的就是一种社会专制，就要比很多政治压迫更加可怕。因为，虽然通常这种专制并不会用非常严厉的刑罚作为后盾，却很少使人有逃避的余地，而且它对于生活中的各项细节更加深入，甚至将人的心灵奴役。所以，仅仅防卫官吏的专制并不够；对于当前舆论和感情的专制也要防卫，必需防卫这样的社会倾向，它会使用刑罚之外的方式，例如将观念与做法当作言行的规范，并且强制地加在那些异己的人身上，并且对于任何特立独行的个性发展都要阻碍（可能的话，就防止它的形成），以及迫使所有的性格都仿效它自己的模样来塑造。以集体的意见合法地干涉个人独立，这种干涉必须有它自己的限度，而找出那个限度且保护它，使它不至于受到伤害，就好似防止政治专制，是人类为了维持一个良好的事物的状态不可或缺的。

虽然，这个意见不至于引起一般性的争论，一个实际的待说明的问题是：如何在个人独立和社会管制之间作出适当调整，就是一个几乎在做成每件事之前都要考虑的问题。对任何一个人来说，所有使生存变为可贵的事，都系于其他的人是否有所约束自己行动的意识。所以，有些行为法则，必须首先通过法律规定，而对于许多不适合运用法律来操作的事情，就要借助舆论的力量。这些法则应该是什么，这是人类事务中最重要的问题；但是，假如我们将几个极为显著的事例除去之后，它也是目前最缺乏进展的问题之一。没有两个时代，几乎也没有两个国家，曾经对它作出相同的决定；而一个时代或一个国家也常常认为另一个时代，或另一个国家的决定是不可思议的。然而，任何一个特定时代或国家的人们，从来都没有怀疑过它会有什么困难，就仿佛人类一直都没有产生过分歧一样。在他们看来，他们好像不需要说明和辩护就可以自行获得那些法则似的。这种普遍的错觉，只是显示出了习惯拥有非常大的影响力的一个例子。在很多的事例中，习惯这东西，不仅如老话所说是第二天性，简直是一向被误待为的第一天性。关于人类相互强制的行为法则，会使众人产生疑虑，然而，习惯可以完全发挥祛除这种疑虑的效力，因为在这个话题上一般人对于这类事情的想法是：他们认为无论是一个人对别人，还是每个人对自己，都没有必要说明理由。人们都习惯于相信这类事情，与其用理智还不如凭感觉，而且，一些希望模仿哲学家的人也一直在鼓励这种观念，结果就是所有的理由变得不必要了。他们在一个实际原则的引导下对人类行为进行规范，那就是在每个人的心里，都觉得别人必须依照他以及他所喜欢的那些人所期望的方式去行动。

当然，没有人愿意向自己承认，他只是基于他自己个人的偏爱设定判断标准；但是，却说不出一个支持对某一种行为有偏见的理由，这就只能视它为一个人的偏爱罢了；纵然能够说出理由也只是在诉诸他人同样的爱好，那也仍然只是多人而非一人的喜好。不过，对一个普通人来说，在获得如此的支持之后，他自己的偏爱已经不仅仅是一个使他完全满意的理由，并且也是他对于那些道德、趣味和礼节观念（这些观念并没有明白地写在他的宗教信条之中）等形成的一个完满的理由，而且一般是唯一的理由。但在这里有些道德、趣味和礼节是宗教教条中完全没有明确记载的。他甚至会用这些观念当作主要依据来解释宗教教条。

因此，对于人们的意见，无论是表扬一件事，还是谴责一件事，受到所有有关他人行为影响的意愿的各种原因控制，而且这些原因就像决定人们在其他任何问题上的意愿的原因一样，数量相当多。有时可能是他们的理智；有时也可能是他们的成见或迷信；有时候常常是他们对社会的情感，也有很多时候是他们对社会的厌恶，是他们的羡慕或嫉妒，他们的自大与傲慢；但是，其中他们利己的欲望或恐惧是最常见的——他们合法的或是非法的自身利益。在一个存在优势阶级的地方，在那个国家，它的阶级利益和它的阶级优越感是大部分道德意识产生的源头。那些在斯巴达人和奴隶之间、殖民者和黑人之间、王子与属民之间、贵族与平民之间以及男人与女人之间存在的道德关系，绝大部分都是这些阶级利益和优越感的产物；而这种滋生的情感，又转而在这个阶级的人的道德感觉以及他们彼此相处的关系上反映。在另一方面，假如一个地方，有一个一度掌握权势的阶级，如今却已经失势，或者人们不欢迎他的权势，在那里的主导的道德观念之中，人们就会很厌恶他们的优越感。对于那些法律或舆论所推行的行为法则，在行动和容忍双方面，人类对于他们现世的主或神的喜恶都有屈从根性，是至关重要的决定性的根本原则。这种根性虽然在本质上是自私的却不是虚伪的；它令人产生真正的厌恶感情；并且让人烧死过魔法师与异教徒。在很多比较基本的影响之中，这是社会上一般的显著的趋向，当然，有一部分也与道德意识的引导有关系，而且是非常大的一部分；但是，它之所以会这样认为，与其说是出于理性，出于对其自身的考量，倒不如说更多的是出于从社会利益中产生出的爱憎情感；而这些爱憎情感很少和社会的利益牵涉，或者是完全无关，它却同样对各种道德的建立表现出非常大的力量。

所以，社会的喜爱与厌恶，或是其中强势部分的人，实际上他们的喜爱与厌恶是决定了那些大家必须遵守的法则的根本因素，然后，人民就受到形成的法律和舆论的督责。一般来说，那些在思想与感觉上走在社会发展的前面的人，尽管在这种事态的某些细节上发生冲突，却觉得在原则上无可抨击这种状况。他们宁可花时间去查询社会应当喜爱或厌恶什么，也从不怀疑这是否就应该成为一种适用于个人的法律。对于他们自己所激烈反对的那些具体问题的情感，他们宁可努力去将人类的感觉改变，也不想将那些有不同意见的人联合起来，去做共同的奋斗来维护自由。只有一种情况，能够随时随地在原则上采取比较高尚的立场，并且能维持不变的唯一境界，这就是宗教信仰的情况。在很多方面都富于启发性，而就所谓的道德感而言，这也是一个最显明的例证；对于持有相互对立或不可接受的神学观点的人之间的仇恨（Odiumtheologicum），在那些真诚迷信者的心中存在着，这的确是有关道德感最好的说明之一。一般来说，那些最先从自称为代表全基督教教会（指罗马天主教的自许）束缚中挣脱出来的人，原来也像这个教会一样不愿意容许宗教观点上的分歧。但是，在最激烈的冲突过去以后，任何方面都没有得到绝对的胜利之时，每个教会或教派就必须将它的希望维持在已经占领阵地之时，那些成为少数的教派，当看清楚他们没有机会成为多数教派以后，也就不得不容许那些他们没有办法让其改变宗教的人有自己不同的信仰。于是，就在这个不多也是唯一的战场上，在具有广泛原则基础上，个人反抗社会的权利获得了维护，而在社会上，也公开地驳斥了那些有权力干涉异己者的主张，这个世界，争取到宗教自由的那些伟大作家们，大多数都认为良心自由是不能剥夺的一种权利，并绝对否认一个人要为自己的宗教信仰，去对其他人负责。

但是，在本性上，人类对他自己真正关心的事就不可以容忍别人有不同的意见。因此，由于厌烦神学家的争吵，就将在一些地方表现出对宗教漠不关心也加在宗教自由的天平之上。可以说在任何地方，真正实现宗教自由是没有的。即使在最宽容的国家，几乎是一切信仰宗教的人，在信教人士的心里，承认宽容的责任是附带隐含的保留条件的。对于教会在管理上的不同意见，有的人可以容忍，然而他们对教义上的分歧却不能容忍；有的人能容忍所有人，只要他不是天主教徒，或是神论者；有的人对于信仰神启宗教（指犹太教及基督教）的所有人都可以容忍；还有少数的人更加地宽容，但是，这也仅仅限于容忍相信一个上帝与一个未来世界的人。总之，凡是在一个多数人的宗教情绪依旧真切且强烈的地方，那种要求其他人服从多数的主张会有所减缓。

在英国，由于我们有特殊情形的政治史，与欧洲其他的国家相比，或许舆论的束缚也许重了点，在法律上的束缚却是比较轻的；在这里，以立法或行政权力对私人行为的直接干预，在民间常常引起非常大的反感；与其说这是由于对个人独立的正当的看法，还不如说是出自人们仍然存在的这样一种旧有的看待政府的习惯：认为政府是代表与公众相反的利益。如今，大多数的英国人还没有认识到政府的权力即他们的权力，或者是政府的意见即他们的意见。等他们有了这样的看法之时，政府也许就要侵犯他们的个人自由了，正如它们的舆论已经受到侵犯一样。不过，就目前来说，一种相当强烈的情绪仍然在英国人中存在，预备随时抵抗政府，企图通过法律来管制那些从来不在法律管制范围的私人的事务；至于这些事情是不是应在法律管制的合法范畴内，几乎没有做出什么分辨。虽然在大体上这种情绪很有益处，但是，在特殊事件的运用上，这种情绪却是有时适合，有时不适合。事实上，我们并没有一个可用于衡量政府的干涉是否适合的公认原则。每个人仅凭自己的喜好去做决定。有些人在看到有好事要做，或有害要补救之时，会怂恿政府去除害兴利；而有一些人却宁可忍受一切重大的社会恶事，也不愿在人的各种利益中加上有责任服从政府控制这一项。个人对任何具体的事件，采取什么样的立场，差不多都是根据自己情感上的一般趋向，或是自己根据对那件事所估计的利害关系，或者，根据对政府的做法会不会按照自己喜好的方式做的一种推测；但是，却很少是因为自己对政府，什么该做，什么不该做，有什么坚定不移的意见。在我看来，由于缺乏一个规则和原则，所呈现的结果是，目前这里每种立场都一样常有错误；而政府的干涉，有些受到不适当的求助，有些招来不适当的谴责，两者大概是一样的频繁。

申述一个极其简单的原则是本文的目的，这个原则能用来使社会对个人实行强迫和管制行为，以达到绝对的管制，无论是法律上的强制性惩罚，还是舆论上的压制。这个原则是：人类有基于自卫目的的理由，即人类可以集体的或个别的对任何成员的行动自由进行干涉，其唯一正当的理由是旨在自我保护。对文明社会中的任何一个人，可以违反其意志而正当地行使此项权力的唯一目的，就是防止对他人的伤害。至于这个人自己的好处，无论是为了他自己的物质上或是精神上的利益，对他人的行动自由进行干涉，都不是个充足的理由。人们不能因为这样对他比较好，这会使他很愉快，或者因为从他人的观点来看这样是明智的甚或是正当的，就逼着他去做一件事情，去忍受一件事情，那些都是与他抗争、争论、劝说或恳求的好理由，但是，却不能因此强迫他，或者假如他不那样做，就要给予惩戒的好理由。为了证明强制的正当性，必须采取阻止对他人造成祸害的行为。在只与他本人有关系的行为上，才是任何人应该对社会负责的表现。从正当性而言，在仅涉及他自己的那部分行为上，他的独立是绝对的。对他自己，对他自己的身心，他个人就是无上的权力。

也许，不需要说明的是这种理论，这只对智力上已经成熟的人适用。我们所谈的，并不是儿童或者是未达法律年龄的男女青年，那些仍然需要别人在各方面照料的人，在他自身的行为和外来的伤害的这两方面，必须都要同时受到保护。基于同样的理由，我们也能不考虑那些被认为落后的社会，就想当然地以为那里的人还没有成熟的种族。因为在最初开始时，自发的进步的过程中，没有什么可选择的手段来克服这些困难；而一个充满积极进取之心的统治者，也就有采取任何权宜办法的理由，用来实现其他方式无法实现的目标。就对付野蛮人而言，专制政府就是一种合法的政府，只要追求进步是它的目的，又的确可以通过它所用的方法获得那个结果。在人类还不可以经过自由而和平的讨论，来改进他自己的缺点的阶段之前，自由这一原则，就不能对任何事情适用。除非，他们已经到了那个可以通过自由而和平地讨论，来改进自己的缺点的时刻，否则，他们就只有对一个阿克巴或查理曼这样的大帝绝对服从。但是，假如人类已经进步到可以用说服或劝诫来引导自己改善的时候（我们在这里所需要关切的那些民族，都早就已经到达了这个时期），无论是采用直接的方式，或是由于抵抗而采取拘留和惩罚的方法，就不再是能够容许人民或政府为了自己本身的利益而获得许可的一种手段，除非，它在能保障他人安全的前提下，才能被认为是正当的。

我应该说明的是，我的论点将不会向那些可能由抽象的权利观念中所产生的任何条件求助，而仅是关系到功利主义。在所有的道德问题上，我认为最后的归趋是功利主义，但是，也必须是最广义的功利主义，以人做为进步的存在者的永久的利益为依据的功利。基于那些利益，个人要服从外来的管制成为我的主张，但是，也只限于在那些有关于别人的利益的行动上。当然，假如任何人，有一个危害别人的行为，那就是一件一眼看去证据确凿的案件，即可以用刑罚来处置他，或者不太适合时，就用普遍的谴责。还有可以正当地强迫他去做对他人有益的积极行为，例如：在法庭中作证；在共同防卫中，或者为了社会的利益，因为他享受了社会的保护就必须与其他人来共同分担责任，承担他自己的一份工作。还有某些对个别人有益的行动，例如：拯救一个同胞的生命，或面对那无力抵抗的人要挺身保护，使他免于被伤害；总之，显而易见属于一个人有责任去做的事，若不做就有可能正当地要求他对社会负责一些事情。一个人不但会因他的行动而对别人造成伤害，还会因为不行动，而使别人受到伤害，而在两种情形中，他都应该负起伤害的责任。对于后一种情形，当然，在强制执行的时候，就要比前者更加的谨慎。常例就是要使一个人，因伤害别人而负起责任；假使一个人因为没有设法防止别人被伤害，而追究他的责任，比较起来，这个就是例外了。

然而，有很多十分明显和重大的事例，使这种例外有了充足的理由。因为社会是他的保护者，所以，在发生的个人对外的一切事情上，在法律上，他就受到利害关系的约束，与此同时，在需要时，也要受到社会的约束。然而，时常也有良好的不去约束他的理由，这时候必须是基于某件事情的权宜之计，那就是与社会行使权力去控制他相比，让他自己做会做得更好。否则的话，就要产生比所要防止的祸害还大的其他祸害。在排除这些强制追究的理由之后，这个执事者就要凭着自己的良心做事，去保护别人所拥有的，以及未经外来保护的利益；而且也要因为那件事，不容许他负责同胞的判断，而对他自己更严格的评判。

但是，如果说在有些个人的行动领域和社会有任何关系的话，也只能说是间接的利害关系；包括一个人在生活行为中，只与自己有关的部分，或是，即便有涉及他人的部分，而这个是他人无欺骗的、自动的和自愿的同意并参加的那个部分。我在此说的是他自己的直接的和最初的影响；因为，凡影响到其本人的，也许一切影响他自己的事都可能经由他影响到其他人，这就势必要考虑以此条件为根据的反对意见。因此，这就成了人类自由的适当领域。这个领域包括：第一，意识的内在领地。良心的内在范围包含于人类的自由中，它要求最广义的信仰自由，思想和感情的自由，在所有话题上意见和情操的绝对自由，无论这些话题是实践的还是思辨的，是科学的、道德的还是神学的。看来发表意见的自由也许应归纳于种不同的原则之下。因为，它是一种属于涉及个人与他人关系的行为，但是，因它和思想自由本身一样重要，并且在很大程度上依据的是同样的理由，因而它的大部分在实践上就没法与思想自由分开。其次，这个原则还要求趣味和志向的自由。按照自己的性格特质来制定与自己个性适合的生活计划的自由，根据自己的喜爱去做的事情，而自行负责其可能产生的后果，只要我们所做的事情，对同胞没损害，纵使我们的行为被他们认为是愚蠢的，不当的，或者错误的，这样的自由也不应被他们妨碍。第三，在同样的限制内，从每个人的自由可推导出个人间相联系的自由。这就是人们出于任何不伤害别人目的而彼此相关的自由。只要这些参与联合的都是成年人，并且没受强迫，也未被欺瞒。

任何社会，无论它的政府是什么形式，大体上，如果不尊重这些自由，这个社会就不是自由的：在任何一个社会中，如果这些不是绝对并且无条件存在的自由，它就不是绝对自由的社会。可以用我们自己的方式去追求我们自身利益的自由，这是唯一有资格被称为自由的，这才是真正的自由，只要我们不企图剥夺他人的这种自由，不阻碍他们获得自由的努力。每个人无论是对于自己的健康，身体的还是精神的，都是它自己最合适的保护者。如果人类能够容许每个人按照自己认为是好的方式去生活，而不强迫每个人活着是按照其余人们认为是好的方式去生活，那样收获会更大。

虽然，这个绝对不是新的理论，而且某些人会将其看作是公理，然而，如今却没有任何一个理论，能比它更明白直接地对现有的流行的舆论和实践进行反反驳。社会一直企图（按照它的见解）用全部的力量，让人接受有关人和社会优越性的观念。古代的共和国，都认为自己有权运用古代的哲学家也赞成运用公共权威来限制私人行为的每一部分。其根据是，国家深切地关注每一位公民的整个体力和智力的训练——这种想法在一些被强敌包围的小共和国也许是得到认可的，这些小国经常面临被外来侵略或内部骚乱颠覆的危险，即使在短暂间歇精力和自制力有所松懈，也容易造成致命的打击，因而也就经受不起对于自由之长久的有益效果的等待。在现代世界中，政治社会加大了规模，还有最重要的一点，即精神与世俗权力是分离的（把道德良心的责任，交给那些不控制世俗事务的人），这已经阻止了法律对私人生活细节的干预；可是，道德强制的机器却又被有力地调动起来，反对在关涉个人事情上与统治者观点不同的看法，甚至比他在表达社会性事务的歧见上遭受的压力更加强烈；宗教是最有力的形成个人的道德情感上的因素。以此为例，它几乎总是被一个等级集团（这个集团试图控制人的行为的每个方面）的野心或是被清教主义的精神所控制。在近代的最强烈地反对旧宗教的改革者之中，在肯定精神统治的权利方面，并不落后于任何教会或任何教派：尤其是孔德，他在《实证政治体系》（Systeme de Politique Positive）中所说明的社会体系，旨在建立一种社会对个人的专制（尽管运用精神力量多于运用立法力量），在他们的政治理论中，一个针对个人实施的社会专制，与古代的哲学家中最严格的法纪主义者在政治理想中所思虑过的任何东西相比，有过之而无不及。

除去个别的思想家的具体学说之外，在这个世界上，也有一种广泛的逐渐强化的倾向，要用舆论，甚至立法的力量，把社会对个人的权力不适当地加以扩展；因为，目前世界上发生着的一切变化都有增强社会的权力与减少个人的权力的趋势，这种侵害，就是那些不会自动消失的罪恶之一，而且，相反的会不断增强，变得更为可怕。无论是作为统治者，还是普通的公民，人类都有一种以自己的意见和意向当作行为规范而施于别人的倾向，要求别人接受。这种倾向是难免的，因为，在情感上他得到了有力的支持，这种支持也许是最好的，也许是最坏的。它的权力缺乏就能够抑制它，是它的倾向不发作的缘故。鉴于这种权力并未减少，反而正在增加，除非竖起一个用道德信念建成的坚强壁垒去抵制这个祸患，在目前的世界形势下，我们就只能预期这种倾向会不断的增长。

为了论述的便利，如果，我们不马上进入这个总论题，而是先将自己在一个子题上限制住，那么，在这一分支上，我们在这里所说的，有关它的原则，即使不是全部，在某一点上至少已经获得了当前舆论的承认。这个子题就是：思想自由。而思想自由，也是不会和同类的言论自由和写作自由分开的。即使在全部以宗教自由和自由制度自居的国家中，这些自由已经在相当大的范围内，成为它们国内的政治道德的一部分。也许一般人并不熟知也不能够完全理解它所依据的哲学和实践上的根基，甚至是在舆论界的领袖人物，也有很多人，并不像我们所期望的那样彻底地领悟其中的道理。这些在被正确的了解的基础上，就绝不会只在一个子题上应用，而是有更广泛的应用，面对这一部分的彻底讨论，是对其他部分的最好的引言。当然，我这里将要讲的，对于某些人来说并不新颖；因此，如果对三个世纪以来时常讨论的这个题目我还敢再发一番议论，那我只好希望他们原谅了。

On liberty

第二章　思想言论的自由

人们希望，任何对于作为对抗腐败或暴虐政府的一种保障的“出版自由”的保护仍然是有必要的，这样的时代已经过去。现在，我们可以假定，如今不需要论证来反对如下行为，即容许一个在利害上不与人民一致的立法机关或行政机关去给人民指定意见，并且规定人民能听什么理论做决定，或是听什么议论。而且，既然以前的作家们对这方面已经一再频繁成功地予以强化，以至于我们在这里也不需要再去陈述。虽然，英国在出版方面的法律仍然与都铎时代（The Tudors）一样的不自由，可是，除了在混乱时期中，大臣和法官会由于恐惧暴动而失去理性之外，在实际上却很少用于反对政治言论。而且，一般说来，不用担心立宪国家会经常竭力控制舆论，除非他们那样做是要让自己成为不能被大众所异议的机构。因此，我们假定政府的利益和人民完全一致，并且从来也不会想到使用任何强制的权力，除非它自认为那是来自于人民的心声。但是，我否认人民能使用这种强制的权力，不管这种权力是他们自己行使，或者是他们的政府行使。这种权力本身就是不合法的。最好的政府并不比最坏的政府更有权行使这种力量。假如依照公意而行使它，就和违背公意行使它一样有害，甚至是更加有害。如果全人类都有一样的意见，而只有另外一个人持相反的意见，则人类使这个人沉默，并不会比这个人使人类沉默（假定他有此力量的话）有更正当理由。如果一种意见，仅属于个人，除了对他自己有价值外就一无是处了，如果禁止他发表只是一种私人的损害，那也要看它损害少数人还是多数人，而这是有一些区别的，但是，禁止发表意见的本身就是一种特殊的罪恶，因为，它对人类形成了掠夺行为，不仅限于这一代被它损害，还影响了后代，而它对于那些不同意这种意见的人所造成的损害，甚至比持有这种意见的人更严重。如果，那种意见是对的，那些不同意的人会由于不能发表它，失去了用自己的错误去换取真理的机会。而如果它是错的，他们将失去了一个差不多同样大的收益，即从真理与错误的碰撞中产生的对真理更加清晰的认识和更生动的印象。

我们必须将这两种假定分别讨论，其中每一条都有与其相对应的一支独特的论证。这里提出两点：我们永远不能确信我们所竭力抑制的那个意见就是一个谬误；即使我们确信，要抑制它也仍然会是一种恶。

第一点，当局试图用权威来压制的那种言论也许是正确的。当然，那些希望它被压制的人肯定会否认它的正确性；但是，他们当局本身，却不是完全正确的。他们没有这个为全人类决定问题的权力，并把所有其他人都排除在判断的管道之外。假如，因他们确信它是错误的，就拒绝去听，那就等于他们自认为他们所确信的是绝对的正确。所以想要压制讨论的人，都认为自己不会出错，对其的谴责可以根据这个普通的论据，并不是因其为普通的而变得更糟。

对于人类的良好感觉而言，不幸的是他们在理论上虽然可以接受这个自己容易犯上错误的事实，但他在实际判断一件事时远没有得到它在理论上承认的那种分量；因为，即使每个人都深知自己有可能出错，却仅有极少数的人会感到为了避免这种容易犯错的行为，有必要采取预防的措施，或许容许这样的假定，即他们觉得十分确定的任何意见有可能正是他们认识到自己易犯错误的事例之一。一些专制的君主，以及那些习惯于接受和无条件服从的人，通常对于自己在几乎一切题目上的看法都感觉到了这种完全的信心。一些处境比较幸福的人，有时还能听到别人批驳自己的观点，当自己的观点错了时也并不完全不习惯于被人纠正，他们就将这种无限的信任，寄托于自己或周围的所有人，或者是寄托在自己习惯于服从的人，以及对他们所信服之人所赞成的一些观点寄予同样的无限信赖；因为，一个人愈是缺乏对孤独的判断信心，就愈会以完全的信任来依赖一般的“世界”，相信这个“世界”不会有错。而对于每一个人来说，这个世界就是指他所接触的那部分：他的党派、他的团体、他的教会、他的社会阶级。与此相比，如果，有人可以较为具体的以为，这个“世界”是包括他的国家，或他的时代，相比较就可以称此人就是自由主义者和心胸开阔之人。他对于这种集体权威的信念，也全然不会因其知道其他国家、时代、团体、教会、阶级和党派曾经有过，或仍然有完全相反的想法而发生动摇。他将确认正确的责任加于他自己的世界，用它来抗拒别人不同的世界；其实，他只是由于巧合才决定他在这许多世界之中选取其一作为他信赖的对象。由于某些原因，令他成为一个伦敦的牧师，同样的那些原因，也有可能使他成为一个北京的佛教徒，或者是信仰儒教的人，而他对这一切却从不费神思虑。可是，事实并不需要多作说明，是自明的：就是时代不比个人更不可能犯错，每个时代被坚持的许多意见，曾经都不被怀疑，但被后来的时代认为是荒谬的；我们可以确定的是，今天受到很多人公认的许多意见，也一定会像以前的意见一样，在未来的时代被抛弃。

大致将会用下述的论证来反驳上面这个论点。权力机构仍然是以自己不会错误自居来禁止传播谬论邪说，就如它根据自己的判断和责任所做的其他所有事情一样。原本赋予人类判断力就是要他们去用它。怎能因为判断有可能被错误地运用，就要告诉人们完全不应该运用它呢？并不是要免于错误才禁止他们认为有害的言论，而是纵使有错，仍然要尽他们应尽的责任，按照他们的良心去判断。如果，由于我们的意见可能会错误，我们就坚决不采取行动，这就是不顾自己的一切的利益，放弃自己所有的责任。一种可以适用于一切的行为的反对理由，有可能是对于任何具体行为都无效的反驳意见。形成自己所能形成的最正确的意见，这是政府的责任，也是个人的责任；小心谨慎地形成这些意见，并且永远不把他们强加于人，除非他们绝对认定它们是正确的。但是，在他们确定之后（那些推理的人会如此说），却不敢按照自己的观点行动，并且任由一些自己坚定地认为是对人类这种或那种的福祉确有危险的谬论无限制的向外传播，那就不是服从良知，而是懦夫的表现。因为在过去不太开明的年代里，其他人曾经压制过现在被认为是真理的观点。也许有人会说，让我们小心谨慎，同样的错误我们不要再犯了；但是，曾经政府和国家在其他的许多事上也犯过错误，它们是行使权力的主体仍没有被否定，曾经它们征收不正当的税捐，从事不正义的战争。那么，我们是否就应该因此不收税捐，并且在一切挑衅下都不进行战争呢？人们与政府都一定要尽自己的所能采取行动。在世界上绝对正确的事根本不存在，但是，为了人类求生存的目的，要尽可能对自己的选择有信心。为了指导自己的行为，我们可以假设自己的意见是正确的；如果，我们不容许坏人来传播我们认为是错误的和有害的意见去贻误社会，那就不用假设更多的东西了。

对于这个反驳意见，我的回答是，它假设得过多了。一个观点因为在各种竞争的机会中未被驳倒，而被断定为真，这是一回事；为了不允许反驳它而断定其为真，则是另一回事：这两者实在有着很大的区别。反对和批驳我们自己观点的完全自由，是证明我们为了行动的目的而假定一个观点的真理性的先决条件；而且也别无其他条件能使一个具有人的能力的存在者享有任何正确性的理性保证。

当我们考虑言论的历史，或者是人类生活的普通行为时，如果这个人或那个人并不比他们现在的情况差，而应归于什么呢？当然不是凭借人们固有的理解力，因为，在一百个人中间，对于任何一件本身不太明显的事常有九十九个人对它无法完全判断，而仅一个人能够判断；而这第一百个人的判断力也是相对的，因为，在以往的每个时代的显要人物中，许多多数人所秉持的言论到现在都被认为是错误的，同时，现在也没有人认为他们所做的和赞同的许多事是正当的事情。那么，一般说来，为什么在人类当中，理性的言论和行为还是占有优势呢？如果这种优势真的必定有的，否则人间事务就会并且一直处于近乎绝望的状态，那么，其原因就在于人类心智的一种品质，它是有智慧或有道德地存在着的每件高尚事情的根源，也就是说，人的错误是可以纠正的。他能利用讨论和经验来矫正他的错误。仅利用经验是并不够的，解释经验还必须通过讨论。错误的言论与做法，渐渐会服从事实和论证，事实和论证若要对心智产生任何影响，就必须把它们提到台前来。如果没有评论来指明事实的含义，事实本身很少能讲出其自身的道理。于是人类判断全部力量和价值就全靠一种特质，即判断错误时，可以修正，就是因为随时有着矫正其错误的方法，从而判断才能够使人信赖这种特质。如果说，一个人的判断的确是值得信赖的，那它是怎么形成的呢？因为，他一直真诚地接纳别人对他的言论与行为的批评。由于听取一切可能反对他的意见是他的习惯，只要是正当的就加以采纳，并且向自己解释，有时也向别人解释那些荒谬的言论之所以荒谬的理由。因为，他认识到一个人能够对一个问题全部了解的唯一途径是听取各种不同意见，并研究能够观察他不同的心智特征的所有方式。任何一个聪明的人都是用这种态度去取得他的智慧；按照人类智慧的本质来说，也不可能用其他什么态度使他变得更聪明。运用与人对照的方法，来对自己言论方面的恶习惯进行纠正和补充，不但绝不会在实行时引起疑惑和踌躇，而且也是唯一对它值得信赖的稳固的基础。因为，一个人既然已经了解所有能够（至少是明显地）说出来的反对他的话，并且采取了面对一切反驳者的立场（深知自己是寻求而不是躲避反驳和疑难，深知自己没有遮挡可以从任何方面投射到该题目上的任何光线），这时他就有权相信，自己的判断要比任何未经过类似过程的人或群体的判断来得好。

人类当中，最聪明，最有理由信任自己判断的人，还认为必须具有这样的态度才能信赖自己的言论。如果我们要求所有言论都要诉诸这个程序，确实是并不过分。尤其是被称为人众的集合体，而这是个混杂着少数的聪明人和多数的愚人的集合体，是个更不可或缺的程序，即所谓公众，进行审核，这一要求并不过分。甚至在教会之中最不宽容的罗马天主教会在为圣者加封之时，还容许并且耐心听取“魔鬼的鼓吹”。对最神圣者，魔鬼能在经过当权者慎重的考虑之后将他反对的话全部说完，才能享有死后的荣誉。即使是牛顿的哲学，如果不容置疑，人类就不会像今天这样对于它的真实感到完全的信任。我们对一些最有把握的信条，除了向全世界发一份证明其是否有根据以外，并没有什么可以依靠的保障。如果，这一挑战没被接受，或被接受而没法证明其能成立，我们仍无法确定它是真实的。但是，在人类许可的现有的理智状态范围之内，我们已尽了最大的努力。我们没有将任何可以寻求真理的机会忽略，假如保持选项清单的开放性，我们就可以希望：如果还有一个更好的真理，就会在人类心智可以接受的时候发现它；同样，我们可以指望，自己已经找到我们今天能够获得的这样一条接近真理的路径。这就是一个可能出错的存在者能够达到的确定性程度，这也是实现这种确定性的唯一方式。

奇怪的是，人们都承认自由讨论是有正当的理由的，却反对把它“趋于极端”；他们没有看到，各种理由如果不在极端的例子上有效，也就不会在任何事情上有效。奇怪的是，他们承认应该自由讨论一切可疑的论题，却又认为不容置疑某一特殊的原则或学说。因为，它是确实无疑的，也就是说，因为他们确信那是真实的，他们这样做时竟然还想象自己并没有断言不可错性。任何意见要被声称是确实的，同时如果同意别人批评，就会有人否定它是确定的，然而不允许别人去批评，结果就是，我们和同我们意见相同的人，都以裁判者自居，也就是对于另一方面的意见不愿意倾听的人，却都以为自己是裁判者。

目前，在这个时代中——曾经被形容为“缺乏信仰和惧怕怀疑”的时代（在这里，人们感到有把握的与其说是自己的观点是真的，倒不如说是他们不知道该对这个观点做些什么），与其说他们是基于它的真理性来主张维护一种言论，倒不如说是基于它对社会的重要性使这个言论不被大众所攻击。据说虽然对公众福利来说有些信仰并不是不可或缺，至少也是很有益，因而政府就有支持它们的责任，正如它要对他的社会利益进行维护一样。在这种必要且直接符合政府责任的事情面前，就有人主张，即使政府偶然有错，仍然有理由和义务，按它自己的且人类普遍认可的意见去行动。经常有人辩论，更常常有人认为，只有坏人才会希望削弱那些有益的信条；他们觉得，约束坏人，禁止只有坏人才想做的事是总不会有错误的。这种想法没有把限制讨论的正当性当作学说的真理性问题，而是当作学说有用性的问题，并借此沾沾自喜，以逃避自认为各种观点不可能出错的裁判者之责任。但是，以此沾沾自喜的那些人却没发觉，他们只是将不会错误的假设，由一点移到另外一点。一种言论是否有益本身就是一个观点上的问题。正如言论本身一样，它是可以辩论且还有待讨论的。要判断一种言论是有害的，就像假定它是错误的，同样需要有一个不会出错的言论裁判者。除非被宣判的这个言论，能充分拥有为它自己辩护的机会。而且，即使可以允许一个异议者维护其观点的功利性和无害性，却不允许维护其真理性，这也是不可行的。本来一种言论的真理性是其功利性的一部分。如果，我们要知道应该相信一种意见，那么，我们有可能排除掉对其是否正确的考量吗？在不是坏人而是最好的人们看来，任何违反真理性的信条都不可能是真正有用的；当别人告诉有些人某些理论是有用的之后，还要否认它，并且确信它们是错误的，尽管他们会因此被认为有罪，但你能阻止他竭力申辩吗？其实，站在公认观点一边的人，从未放弃过一切可能的机会进行这种申辩；你不会看到他们处理问题就真的像是能够把它完全从真理性的问题中抽离出来，完全相反的，最重要的是，正因为他们的理论就是“真理本身”，也就认为它的知识和信念是必不可少了。当一个如此重大的辩护的论据，只能适用于一方面而不能适用于另一方面时，就不可能公正地讨论有用的问题。而且，在事实上，当法律或大众的情感不容许辩驳一种言论的真实性时，那否认它有什么用呢？它们最多能容许的是对它的低估，或减轻拒绝它后所必须承担的罪过。

要想充分将我们曾经因谴责某些言论，造成的危害进行说明，最好是在一个具体的事例上限制住我们的讨论。我也可以选择一些不利于我的事情，在这些事情上，无论是在真理性还是功利性的得分上，对观点自由的论证都被认为是最强有力的。让我们假定，被驳斥的是有关一个未来世界的言论和一个上帝的信仰，或是任何一种已被普遍接受的道德学说。在这种立场上作战，对偏颇的敌方来说是非常大的优势，因为，他肯定会说（很多不想变得不公平的人，则会在心里说）：你难道不认为这些学说有必要置于法律的保护之下吗？难道对于一个上帝的信仰具有真实感，也以自己的不可错性自居吗？但是，我必须申明的是，对一种学说（无论是什么学说）的感觉并不是我所称的不可错性的断言。我所称的这种断言是代替别人决定了真实与否的问题，才会以不会错误者自居，而且，还不允许别人听取相反的内容。即使把这种断言放在我最庄严的信念这一边，我仍需要谴责它、排斥它。不管是如何的肯定一个人的信仰，如果，他不只深信别人的某一种言论是荒谬的，而且还深信别人的言论会产生有害的后果，还有它的（用我完全谴责的表达方式）不道德和不敬神——可是，如果他在追求这个个人的判断时，纵使，其国人和同时代的人都普遍支持他的判断，只要他阻碍人们听到对该观点的辩护，那就是断言了不可错性。而且这种远不会因其所针对的观点被指为不道德或不敬就不那么遭人反对或者较少具有危险性，这是所有其他情况中最致命的一种。那也正是这些情况中，一代人曾犯下那些引起后代震惊和恐惧的可怕错误。正是在这些情况中，我们看到了一些难忘的历史事例，当时不少运用了法律的力量，铲除了最优秀的人才和最崇高的学说的现象被我们发现了；这在人的这一面取得了可叹的成功，尽管这些学说保存了下来，以便（似乎是一种讽刺）为那些对这些学说或对他们公认的解释持异议之人的类似行为进行辩护。

有件事情，无论怎么提醒人类也不算太过频繁。以前有一个人叫苏格拉底，他跟他那个时代的法律权威和公共舆论之间发生了一次令人难忘的冲突。他在一个以个人伟大著称的时代和国家出生，那些最能认识他和他那个时代的人，当时都将他视为最有道德的人传播给我们；我们也知道在他之后，那些以品德来训勉人们的人都把苏格拉底当作道德教师领袖和典范，并且同是下列两种精神的来源，一个是柏拉图，是具有崇高的灵感的哲学家，另一个是亚里士多德，“见识多广的大师”明智的功利主义者，这是道德哲学和所有其他哲学的两个泉眼。这位有史以来一切杰出思想家公认的祖师爷（其声誉在两千多年后还在继续高升，压倒了其他所有为其母邦生辉的名字），竟然在一次司法审判之后，他的国人以不信神和行为不道德的罪名将他处死了。关于“不信神”，是指他不相信本国所承认的那些神不相信；事实上，控诉他的人也说他自己不信任何神（参见《申辩篇》）。关于“行为不道德”，是指他的学说和教导已使他成为一个“腐蚀青年的人”。对于这些罪名，法庭相信它有充分的理由成立，所以认定他有罪，将这个好像应受到人类最好待遇的人当作一个罪犯处死了。

还有一个和上面这个例子比较起来，不至于相形见绌且显示出司法罪恶的例子。那就是在一千八百多年前的喀尔伐利（Calvary）身上的事件。曾经，那些看到他的生活与听到他的谈话的人的记忆之中，都对他的道德之崇高留下了深刻的印象。以至于十八世纪以来，人类对他一直尊崇着，将他视为万能上帝的化身，然而，他却被屈辱的处死，被当成什么人呢？当成了亵渎神灵的人。当时的人，不仅误解了这个施惠于自己的人，还正好相反地认为他是一个不敬神的怪物，而且，因为他们给他的待遇，现在他们也转而被认为怪物。现在，人类对于这两件可悲的事件的感情，尤其是对后者，使他们认为对不幸的当事人而言，那些裁判是极不公正的。在任何方面那些裁判者都不是坏人（并不比普通人通常做法更坏些），甚至可能恰好相反；他们都充满或洋溢着那个时代和民族的宗教、道德和爱国情绪。他们也是这种类型的人，即在包括我们的时代在内的任何时代里都可以有一切机会免受谴责、得到尊重地度过一生。当那位大牧师扯开自己的长袍，投诉那在全国人民的观念中都认为是罪大恶极的行为时，他心中所感到的恐惧和愤怒和一般虔诚的人对其所崇信的宗教和道德的感情极可能是同样的真切；同样，今天因他这种行为感到颤栗的人们，如果，他们作为犹太人生在那个时代，也会完全像他曾做的那样采取行动。一些正统的基督教徒，常常倾向于认为那些用石块将最初殉道者击死的人，肯定都是比自己坏的人，但是，他们应当记住，有一个叫作圣保罗的人在这些迫害者之中。

我再举一个例子，如果，用出错者本人的智慧和丰功伟业来对他所犯错误的触目惊心的程度进行衡量，这也是一个最惊人的例子了。如果还有过一个拥有权力的人，当时就只有奥理略大帝最有根据自认为是最好的、最开明的君主了，他作为整个文明世界的专制统治者，在一生中，不但使司法保持了纯洁无瑕的公正，而且维护斯多噶（Stoic）学派教养中较少期待的最为温柔之心。说到他的著作，作为古代人心中最高道德产品，则只与基督最具特色的教义存在很难觉察的差别（如果还有差别的话）。就是这样一个人，可以说是与任何一个表面上信奉基督教的君主相比，他更像一个基督徒，而且表现得更好。但是，他却曾迫害过基督教。他站在人类此前一切成就的顶峰，心怀开放的、无拘无束的智慧，以及引导他自己在其道德著作中体现基督理想的禀性，却未能看到基督教对于这个世界，是个善事而不是祸害。他深知当时的社会已处于一种可悲的状态。但是，他看出来，或者说他自以为看出来了，就是靠着人们对于那些公认的神，有着信仰和崇敬，社会才能够维系在一起，并且免于使状况变得更糟。他认为作为人类的统治者，防止社会四分五裂是他的责任；但他看不到，假如，将那些社会已有的纽带解除，新的纽带又如何形成，把社会重新团结在一起。这个新的宗教，公开的以解除这些纽带为目的，所以，除非他感到有责任采纳那一种宗教，否则看来把它扑灭就是他的责任。由于在他看来，那时的基督教并不是真理，或是本于神的旨意，由于那个奇怪的历史，即关于钉死在那种十字架的上帝是他难以置信的，而且，他也无法预见那种在他看来，纯粹建立在一种难于相信的基础上建筑的体系，可以成为那个推动革新的机构。事实上，在经受了一切削弱之后，它证明了自己就是这样的机构；于是，这位最可亲、最温和的哲学家和统治者受一种庄严的责任感驱使批准下令迫害基督教。在我的心里，这是最可悲的历史事件之一。如果是在奥理略的赞助下，而不是在康斯坦丁的手上，将基督教作为罗马帝国的宗教，世界上的基督教早不知怎样大相径庭了，一想到此就让人感到痛苦。但是，奥理略大帝并不缺乏任何惩罚基督教教义传播的口实，而也可以用那些口实来惩罚反基督教者的宣传。他实际上也是这么做的，假如否认这一点，既是违反事实的，对他也不公平。没有一个比奥理略大帝更确信无神论是谬误和倾向于社会瓦解的基督徒。然而，在当时活着的人当中，原本被认为最有可能理解基督教教义的是奥理略大帝。除非，任何一个赞成惩罚言论传播的人，自认为比奥理略大帝还要聪明、还要好（比他更深地通晓所处时代的智慧，更远在时代之上，更热切追求真理，而且在求得之后更专心致力于实践），否则，他就不要自居不会犯错，也不要认为大众是不会犯错的，正是因为那样，伟大的奥理略才会获得这样不幸的结果。

宗教自由的敌人也意识到，他们不可能用任何不被奥理略大帝辩论的论证，来替那些赞成惩罚来限制宗教言论者辩护，有时候，在迫不得已的情况下也接受这一结果，并且，他们附和着约翰逊博士说："迫害基督教的人是做对了，他们认为真理必须经历的过程就是迫害，而且，面对这一严格的考验，真理总是能顺利通过，总是在最后显得脆弱无力的就是用司法的惩罚来对付真理，尽管有时候用司法对付有害的错误言论会产生有益的效果。”这个是论证宗教上宽容的一种形式，它应当引起足够的注意，不应随便忽略过去。

由于迫害可能不会伤害到真理，那就主张不妨对真理加以迫害。我们不能指责这种理论是故意不要人去接受新的真理；但是，用这种理论去处理那些人类应感恩的人，我们实在不应当称赞它是慷慨宽厚的。向全世界去揭示一些一直不为人们所知晓而又与它有密切关系的事，以及向全世界证明曾经它在某些关系世俗或精神利益的重大事情上有过失误，乃是一个人所能给予其他的人的最重要的服务。在某一些情况中，如同早期的基督教徒和宗教改革者所做出的重大贡献，与约翰逊博士有同样想法的那些人，也认为那是可以给予人类的最宝贵的礼物。依照这种理论，贡献如此巨大好处的人，这些人竟被给予以身殉道的惩罚，竟然把他们当作穷凶极恶的罪人来对待，而这还不是人类应该哀悼的错误和不幸，而是事情是正常的、可正当辩护的状态。按照这种理论，一种新的真理的原创者必须像过去一样，以一个新法律的提议者的身份站立在洛克列入的立法议会之前，套一个绳索于脖子上，如果，议会在听取他陈述的理由之后，不当场立刻采纳他的建议，就立刻收紧绳索将他绞死。用这种方式去对待有恩于人类的人，我们不能设想其对所施的恩惠有多高的评价；而且，我也是对此事持这种看法的人。绝大多数也只限于认为，也许一度需要新的真理，但是，现在我们已拥有足够多的真理了。

但是人们却津津乐道这种格言：“真理终将战胜迫害”。一直等到它变成了陈词滥调的美丽谎言之一，然而一切的经验已经批驳了它。历史上充满了人们迫害、镇压真理的例子，即使不是永远被压制，也会使真理被迫延后好几个世纪。就说宗教言论，在马丁·路德以前，宗教改革运动至少已经发生过二十次了，却被全部镇压下来。亚诺尔特被镇压了，道尔希罗被镇压了，萨服那洛拉被镇压了，清洁教徒被镇压了，瓦得人被镇压了，威克里夫的信徒被镇压了，胡司的信徒也被镇压了。就算是在马丁・路德的时代之后，只要是能够持久迫害的地方，它也总是能得逞。在西班牙、意大利、法兰德斯和奥地利帝国的新教都被根除。如果，那时玛丽女王（Queen Mary）还活着，或者是伊丽莎白女王（Queen Elizabeth）已经死去，英国的新教也很可能如此。通常来说，迫害总是会成功的，除非，异教徒可以成为一个强大的派别，令迫害者无法有效地对其进行迫害。曾经，任何有理性的人都不会怀疑罗马帝国可能会把基督教消灭。它能传播且取得优势地位，是由于迫害只是偶尔发生，每次持续的时间很短，而且其常常有很长的时间间隔，几乎使它全无惊扰的长期传播。如果认为真理本身就拥有什么打击错误的内在力量，面对地牢和火刑都能战胜，这是一种空洞的文句。通常，人们对真理并不比对错误更加热衷，而充分运用法律甚至社会惩罚，也经常可以成功地制止真理，或制止错误的传播。在这方面，真理所占的真正的优势是：假如，一种真实的言论，尽管它会一次、两次，或很多次被消灭，但在岁月流逝的过程中，依然会使人再发现，直到它的再出现，落到一个有利的环境中，使它逐渐占有优势，能够逃避迫害以及抵挡所有企图压制它的一切尝试。

有人会说，现在我们并不处死发表新观点的人，我们并不像我们的祖先那样杀死预言者，我们甚至还为他们建造了坟墓。我们也的确已不再将异教徒处死。现代舆论能够容忍的对于甚至最有害的观点的惩罚，其程度也不足以扑灭它们。但是，我们不要自我吹嘘，因为我们还没有将法律压制的污点摆脱。在法律上，依然存在对于言论的惩罚，或者说是对于发表言论的惩罚；而惩罚的实施，就在这些时候，也并不是没有前例，它无法使我们相信，有一天那些恶行不会大规模的复活。在 1857 年的康瓦尔（Cornwall）郡的夏季巡回裁判中，据说有一个不幸的人，在生活的各方面他都没有越轨的行为，却因为在门上写了几句触犯基督教的话，就被判了二十一个月的监禁。在同一时期的一个月内，在旧百雷（Old Bailey），又有两个场所分别拒绝两个人担任陪审员的资格，甚至法官和律师团的一名成员对其中一人还进行了很严重的侮辱，理由是他们诚实地宣称没有什么神学信仰；还有第三个人，即一名外国人，也以一个同样的理由而被拒绝进入法庭指控一个窃贼的案件。这是根据一项法律上的理论来拒绝给予法律救济的措施，那就是一切不信神（任何上帝就足够了）和一个未来世界的人，在法庭上作证都不被容许。这就等于宣布那些人不在法院的保护之列，他们是法外之民；他们不但可以随便被人抢劫或殴打而犯罪者却免受处罚，只有他们自己或抱有类似观点的人在场，就是被抢劫和殴打的任何人，假如他们去作证，那也一样不能成立罪行。这种理论所依据的假设，就是如果一个人不相信一个来世，在法庭上就没有采信他誓词的价值。这种命题预示着，赞同它的人对历史有太多的无知（因为历史的真实情况是，在各个时代没有宗教信仰的人当中，有相当比例的人物却是很出色而正直之士），而且假如，有人稍加留意的话就知道，在这个世界上，凭借品德和成就而享有盛名的人里，不知有多少是因不信神而被大众所知，或者是至少被其熟人们所知。此外，这种规定也是自杀和自毁自身的根基。因为，无神论者肯定是说谎者的这个理由，它接受了所有不信神却愿意说谎的人的证词，却仅拒绝那些不乐意说谎的人。这些不愿说谎的人，为了公开承认自己的主张，宁可接受众人深恶痛绝的侮辱。就其这种所宣称的目的来说，已经证明其荒谬的规则，只可以将其视为一种憎恨的标识或迫害的残余。这种迫害还有一个特点：那就是恰好那些显然应该受到迫害的清楚地证明不应当受到这种迫害。这种规定和它所包含的理论，对有宗教信仰者的侮辱并不少于对无神论者的侮辱。因为，如果说一个不信来世的人一定会说谎，我们也可以由此推导出，那些相信来世的人只因为他们对地狱的恐惧才避免说谎（假如他们真的避免了的话）。我们并不愿意去伤害制定这一规定的人，以及怂恿这一个规定的人，我们没有办法硬是要假定他们是基于他们的良知形成的基督教美德的观念。

确实，这些事情都是迫害行为的遗迹和残余，然而其迫害的愿望并不足以显示，而且也是英国人心理过于不稳固的虚弱心态的例证之一，他们常常会带着一种荒唐的喜悦去维护一条坏的原则，然而，他们没有坏到真的要实施它。但是，不幸的是当大众的意见已在这种状态之中，就没有人可以保障可以永远地停止那些更坏形式的法律迫害。在现代，在表面上看起来很平静的一切事情，会受到那些想复活旧有罪恶的扰乱，就像它常受一些提倡新鲜利益的干扰一样。目前，当前我们所引以为傲的宗教复兴，在那些偏狭和没有修养的人的头脑里至少是偏执的复活；在一个民族的情感中，如果存有一种强烈的、持久的潜在势力对事情不宽容（任何时候都盘踞于我们国家的中产阶级之中），不用费什么力气就总能挑动他们去卖力地迫害一些人，他们从未把这些人不当作迫害的恰当对象。正是因为这一点，正是人们对于不信仰他们所重视的信条的人所抱持的看法和情绪，就没法让这个国家成为一个精神自由之所。在过去的很长的一段时间之中，司法主要是惩处罪恶，这种社会的耻辱被它们加强了。这种耻辱具有真正的效力，而且有效地使英国在社会的禁令下敢于发表观点，竟比处在声称法律惩罚的危险之下的其他许多国家还要罕见得多。在这个问题上，对于一切人，除了经济状况使其不依赖于其他善良意志的人之外，舆论就像法律一样有效力；人们可以被投进监狱，也可以被拒绝获得赚取面包的机会。对于那些已将面包赚到手的有权势的人与团体，或者对公众无所求的人，原本，他们可以没有任何恐惧地公开发表自己的言论，最多只是受到不好的批评或是被人误解，而这些也不需要多大的英雄气概才能承受。这里并没有什么诉诸怜悯心，为他们辩解的余地。虽然，现在我们并不像之前所习惯的那样把很多的罪名加在与我们意见相反的人身上，但是，也许我们对他们的待遇造成了一样多的祸害。苏格拉底已经被处死了，但是，他的哲学却如天上的太阳，以它的光辉照耀了整个智慧的长空。曾经基督徒丢下树枝喂狮子，但是基督教却长成一棵茂盛的树木，比衰老和少有生气的生物要高，并且用它的树荫抵制着这些植物。只是因社会的不宽容，这既并不能杀死任何人或从根本上消灭任何观点，它只能让人把意见掩盖起来，或阻止他们去积极的努力传播那些言论。对我们来说，在每隔十年或一个世纪中，歧异的言论并没有显著的所得和所失；它们传播得从来都不是深远而广阔，而是继续在那一群有思想的，有研究的人的狭小圈子中存留；他们在这些人士中发源，却从未把真实或虚假的光亮照射到人的一般事务上，并且也因为这样，才使全部事情保持在一种对于某些人来说，感觉很满意的状态。因为在此状态下，不必借助不愉快的罚款或监禁程序，就能保持所有占优势的观点维持在外表上不被干扰，同时又没有去禁止那些反对者的绝对必要。因为那些反对者在思想上感到苦恼，所以，要用他们的理性去拼命地反对。这种情形下，在保持知识界的和平的同时又能使所有的事情按照常态来进行下去。但是为了接受这种知识的平静无扰所付出的代价却是牺牲掉人类心中全部的道德勇气。在这种事态中，有不少最积极而且最好钻研的知识分子，都觉得最好将他们所信守的一切信念的依据都埋藏在心中，也尽量使他们自己的结论向大众发言，能符合那些在他们内心中一直排斥的那些前提。在这种表里不一的情况下，正直、心胸开阔、无畏的人物绝对不能产生，那些精于理论和言行一致的智者也不能产生。在这种事态之下所能发现的要么是陈词滥调的应声虫，要么就是真理的时髦货，他们都是为他们的听众对所有重大议题作论证，而不是使自己心悦诚服的东西。那些避免在两者中做选择的人，却在一些不至于触犯原则的事情上用他们的思想和兴趣，即细小而实际的事务上。在人类的心灵获得加强和扩展之后，那些小问题就会自行解决，但必须到那个时候，才能获得确实有效地解决。而到此时，真正能增进和扩大人类心灵的事却反而被遗弃而不顾，即对最崇高的论题作自由且大胆的研究。

那些在心目中，认为异端闭口不言，并不见得是一件坏事的人，首先应当考虑一下，异端者沉默的结果是永远不会公平而透彻地讨论他们的言论，虽然可以在一时之间阻止那些未经过这种讨论的异端者的言论传播，却不会令它消失。但是，把所有不属于正统讨论的探究都予以禁止之后，退化的最严重的并不是异端者的心智，倒是非异端的人受害最多，以及因为对异端恐惧，导致妨害到整个身心的发展与威胁到理智的那些人。很多有前途的智者和性格怯懦的人物，他们对一切勇敢的、生机勃勃的和独立的思想成果都不敢追求，唯恐那样做会被牵连到某些被认为是不信宗教与不道德的事中。试问，谁能算出这个世界为此而遭受多大的损失呢？在他们之中，我们偶尔也会看到有些人具有深刻的良知与灵敏精密的理解力，却用一生的时间和不能压灭的智慧去周旋，为了使那些他们的良知与理性所催促的东西与正统观点相调和，也许到最后仍无法成功。作为一个思想家，遵循他的智慧所能达到的所有结论就是他的首要责任，如果一个人不认识到这一点，他就肯定无法成为一个伟大的思想家。假设某人，能以应有的研究和准备自己进行独立思考，他所想的纵然犯了错误，与那些仅是持有正确的意见却不肯去思考的人相比，那么，前者所获得的真理甚至比后者还多。需要思想自由，并不是专门、主要的为了培养伟大的思想家，相反的，为了令一般人的知识高度能够达到他们可以达到的水平，思想自由正是一样的，甚至更是必不可少的。在心灵被奴役的一般气氛中，以前产生过且也许会再产生伟大的个别思想家。但在这种气氛中，知识上活跃的民族却一个都没有产生过。假如任何民族以前有过相似的情形，那也是因为它曾经暂时搁置了对非正统思想的畏惧。凡是有一种默认惯例的存在，人们对于各项原则的争辩就必须终止，我们就不能指望在此找到一种以前在历史上，使得某些时期尤其个别突出的那种普遍高水平的精神活动。而且，只要争论回避了那些重大而要紧到足以燃起人们热情的问题，在内心深处就绝不会激发一个民族的心智，所给予的推动也绝不会把即使具有最普通智力的人提高到思想动物的尊严之位。关于此等思想活跃的情况，我们可以从宗教改革之后的欧洲状况找到例子，又再从十八世纪后半期的思辨运动中找出另一个例子，虽然，它仅限于欧洲大陆较有教养的阶级；第三个例子为时更短，即德国在哥德和菲希特时期智慧的跃动。这三个时期，就其所发展出来的具体观点是大不相同的，但是有相同的一点，即在这三个时期之中，全部打破了权威的枷锁。在每个时期中，已经将一种旧有的精神专制推翻，而新的精神专制还未确立。正是因为这三个时期的推动，造就了欧洲今天的情形。人类每一次在其精神方面或制度方面出现的每一个进步，都能显著地追溯到这三者之一。但一段时间以来，一些现象表明，所有这三个推动力都已经差不多耗尽了；若不再度推进精神自由，我们就不能期待什么新的进步。

现在，让我们进入这一辩论的第二部分，就是不再假定任何公认的观点都可能是谬误，而是假定他们都是真实正确的，然后再来考查一下，如果不能自由而公开地仔细讨论这些观点的真理性，那它们会有什么价值？持有一种坚定观点的人，无论怎样不愿承认其观点有可能是谬误，只要想到下面这一点，也应该为之所动了，就是假如那种言论不被充分、反复、大胆的讨论，那么不管其如何真实，它也会被视为是一种死的教条而不是活的真理。

有一种人（幸而不如以前那么多了），假如某人对他们所认为正确的观点毫不质疑地表示赞同，即使对于它一无所知，并且也无法为最肤浅的质疑提出站得住脚的辩护，也足够了。这种人，一旦从当局的教导中可以获得他们的信条，就会自然认为，大家对它有怀疑，只会有害无益。当他们的影响力占据主导时，他们几乎不可能使人排斥一个公认的观点，虽然它仍可能被鲁莽和无知的人否定；

因为几乎不大可能完全杜绝讨论，而一旦经过讨论，没有坚定信念作为基础的信条，在最轻微的辩论之前宣告崩溃就非常容易。然而，如果舍弃了这种可能性（即假定正确观点扎根于心中，却是作为一种偏见、脱离论证的教条、反对论证的证据而扎根于心的），这就不是一个理性的人应有的拥护真理的方式。这不是认知真理。这样持有的真理，只是一种迷信，偶然在一种真理的陈述上依附的词句罢了。

如果应该培养人类的智力和判断力（这至少是新教徒所未予以否认的），那么，在什么基础之上最适合锻炼一个人的这些能力呢？难道还有比那些如此深切地关涉其本人，以致被认为有必要在此基础上持有观点的事物更为适宜的吗？如果理解力的培养在某事中胜过其他事，那么，此时无疑就是了解一个自身观点的根据。在那些需要正确相信的重要主题上，人们不论到底在相信些什么，他们至少应在一般的反驳意见面前能加以辩驳。但是，有人也许会说："把他们观点的依据交给他们就成了。这并不表示对于一个观点，因为没听到争议就一定是鹦鹉学舌。学习几何学的人，除了将各种定理牢记，还要了解和学习推理求证的方法；假如因他们从未听到有人否定和尝试将那些真理推翻，就说对几何学真理的根据他们仍然无知，那就荒谬了。"毫无疑问，这样的教导足够适用于像数学这样的题目。数学真理的证实特点是，一切的辩论都是单方面的，反对的意见与对反对意见的答复都没有。但是在可能发生不同意见的每一个科目之上，真理就系在衡量两组之间对立的理由上。即使在自然哲学方面，对于同样的事实也常有其他另外的解释；例如地球中心说被太阳中心说取代，氧化说被燃素说代替；这就必须表明为什么另一理论不能成为真理；除非表明了这一点，我们也知道它是怎样被表明的，否则我们不能算已经理解我们所持观点的依据。但是我们假如转到复杂得多的科目，转到道德、宗教、政治、社会关系以及生活事务等等的时候，对每一个有争议的观点，有四分之三的论证需用于消除一些有利于不同观点的现象。从记载上，我们知道，古代最伟大的演说家（只一人在其上），他总是以研究自己的情况同样的强度（如果说不是更大的话）来研究对手的情况。西塞罗践行这种方式以在公开辩论中获得成功，应该效法一切为了追求真理而去研究任何问题的人。如果一个人只对自己单方面的理由了解，他对那方面就所知甚少。可能他的理由很好，也许没人能把它们驳倒。但是，假如他也同样不能对对立方面的理由进行驳斥，甚至于不知道对方的理由有些什么，那么，他就缺乏选取其中一个观点的依据。这时他合理的立场应当是把判断悬置起来，而且除非他满足于此，否则他就要么被权威牵着走，要么像世界上一般情况那样，按照自己的偏爱采纳那一方面的意见。况且，一个人如果单从教师那里，按照他们转述的方式听取对手的论证，并且其中还伴有教师们提供的作为辩驳的东西，那也是不够的。这不是公平对待那些论据或让他从心里与它们真正接触的方式。他必须能够从对那些议论确实相信的人的嘴里听到它们，愿意尽一切的努力，真诚地为它们辩护。他必须从最可信，最具有说服力的形式下来认识它们；为了对一个问题有真实的了解，所必须遭遇和处理的困难以及所需要的全部力量，这是他必须体会到的，否则他就绝不会掌握真正对付和解决该难题的真理。在所谓一百个受过教育的人中，处于这种状况的有九十九人；就连那些能为自己的观点滔滔雄辩的人也是如此。他们的结论可能是正确的，但是，对他们所知道的所有事情来说，却也许是谬误；他们从未在与自己想法不同的人的精神状态之中，考虑到那些人必定要说些什么；因此他们并不知道（从这个词的任何本义来说）他们自己所宣称的学说。他们并不知道，一个学说的某些部分足以说明其余部分，并为其正当性作辩护。这些考量表明，两个看似冲突的事实其实可以彼此调和，或者表明在两个看起来都很强的理由之间应当选取哪个。他们对于转移全局与决定一个见闻广博的人的判断的那部分真理完全陌生；并且也只有那些公平的对双方面，并且尽力用最果断的见解平等地、不偏不倚地去了解双方面理由的人，否则就绝不能真正知道这部分真理。要获得对一些道德和人文题目真正的理解，这条纪律是如此地带有根本性，以致在一切重要真理上如果不存在反对者，我们就很有必要设想一些反对者，向他们提供最富技巧的魔鬼辩护者所能编出的最有力的论据。

为了削弱上述思考的力量，大概反对自由讨论的人会说，对于一般的人类来说没必要知道并理解哲学家与神学家所能说出的反对或赞成其观点的一切道理。他们说，并没有必要使普通人能将一个机敏的反对者的错误陈述和谬误揭露。只要有人能够回答、驳斥它们，使那些教养程度比较低的人不至于被误导就够了。他们说，那些被谆谆教诲的头脑简单的人对真理显著的证据了解了之后，其余的事大可都托付给权威人士。他们意识到自己既无知识也无才能去解决每一个可能提出的难题，反而在此任务上受过特训的人已经或者能够解答所提出的一切难题。

对于本课题的这一见解，姑且让步到在理解真理（应当伴随着信仰真理）的数量上最容易感到满足的那些人所能主张的最大限度；即便如此，赞成自由讨论的论证也未被削弱。因为他们这种理论，也认为人类该获得使一切反对的意见得到满意答复合理的保证；而如果不说出需要答复的反对意见，那它们又怎能得到答复呢？进一步说，如果反对者没有机会表明对你的答复不满意，你又如何知道你的答复是使人满意的呢？就算大众无法做到，至少那些帮人解决困难的哲学家与神学家，总该让自己熟知那些最难解决的困难；然而除非他们能够自由地陈述意见和畅所欲言，并置于他们容许的最有利的光亮之下，否则，就办不到这一点。天主教的教会倒有他们自己处理这个棘手的问题的办法，它宽泛的将教内的人分为两大类：一类是可以容许人们凭着坚定不移的信念（on conviction）来接受教义，另一类接受教义却必须凭直觉信任（on trust）。事实上，对于所接受的一方，这两类的人都不许有任何选择；但是，对那些能被充分信任的神职人员，他们去了解反对者的各种论据，却是可以被允许和鼓励的，目的是让他们能去解答反对意见，所以他们就可以看异端的书；至于俗人却必须经过特许，否则很难有这种机会。这一教规承认，对于宣教者来说，去了解反对者的理论有益处，然而却用一贯的手法使其余的人无法获得那种知识；这样就给予精英以比一般大众更多的精神文化，虽然并未给他们更多的精神自由，但它也把比大众所能获得的更多的精神教养给予那些精英。利用这种办法，它也成功的得到了为了达到目的所需的优越地位，因为没有自由的教养，虽然博大开阔的心胸不能产生，却能为一种教义作巧妙和迫切的辩护。但是，在信仰新教的国家却没这种办法能利用，因为至少在理论上，新教的主张（至少在理论上主张）是每个人自行负起选择一种宗教的责任，不能将责任推托给宣教者。此外，在现在的世界里，要使无教养的人不去读有教养的人所读的著作，实际上是办不到的。如果人类的教师对其所应该知道的一切都认清了，对每一件事情自由地写作与发表意见，就应该没有任何束缚的痕迹出来。

但是，如果在已经被接受的言论是正确的前提下，那么缺乏自由讨论的坏处，只是让人不了解那些观点的根据，有人也许会认为那至多是一种知识上的罪恶，而不是道德上的危害，同时，就观点对品格的影响来讲，那些言论的价值也不会有所损害。然而，事实上如果不讨论，不但会忘掉言论的依据，甚至也会常常忘掉言论本身的意义。那些表达意义的词句，将不再提示什么观念，或者，它只是揭示了它原先用以表达观念中的极小的一部分代替生动的观念和鲜活的信仰，只有陈词滥调中留下的一些只言片语；或者，若说意义还有什么部分被保留下来的话，那也只是观点的外壳和表层，其精华已尽失。人类的历史中，这种事实占据和填充了很大的篇幅，我们也就不可能过分认真地把它们加以研究和思考了。

这种事实，几乎能在一切伦理学说和宗教信仰的经历中显示。

对于那些开创学说和信仰的人，以及他们直系的门徒来说，这些充满了意义和生命力。只要那种想要使其学说或信仰超过其他的信仰的奋斗延续下去，人们就会继续以毫不减弱的强度感觉到它们的意义，也许甚至还会阐发到更加充分的意识之中。到最后，它要么变成了占得优势的普遍的观点，要么停止前进它只维持现有的阵地而不再进一步传播。这两种情形中的任何一种结果变得明显时，关于这个题目的争论就会缓和下来，以至逐渐消失。该学说就获得了一种地位，即使不是一个公认观点，也是被认可的诸派别或部分之一。一般而言，那些拥护它的人都是沿袭而不是接受了它；从信奉一种学说转变到信奉另一种学说，这在目前已是非常罕见的例外，在其宣告者的思想当中也就不占有什么地位了。他们此时不像最初那样时常警惕着，想赢得全世界的赞同或是要在全世界之前为自己辩护，而是已经沉浸于一种默认妥协的状态，他们既不听取反对他们信条的各种论证（只要他们忍受得住），而且也不愿扰乱异见者（如果有异见者的话）。通常从此时起，就算作一种学说的活力就要开始衰退了。我们常常听到各种不同信仰的传教士们在哀叹下述做法之难，说他们的信徒，虽然对所信仰的真理在名义上承认，却很难使后者在他们的心里对它保持一种生动的理解，使它在内心深入，对行为有真正的支配的作用。一种信仰仍然在为自身的生存而奋斗时，这种慨叹是从来不会有的；在那时，就是较脆弱的斗士也知道自己所争取的是什么。以及它与其他学说有何不同；同时，在每种信条存在的这个时期，都可以看到，不少人曾从所有思想形式中认识该信条的基本原则，能够对它的一切重要意义做出衡量和考虑这些原则，并且体会到该信条对品性的全面影响，正如对一种信仰的确信，它应是在一个完全被它感染的心灵中所产生的那样。但是，如果它成为一种世袭的信仰，而且人们是被动而不是主动接受它的时候，也就是当心灵不再像开始那样，被迫对信仰所揭示的问题运用其全力时，就会出现这样一种进步的趋势。除了形式之外，使人忘掉了一切所信的，或者是仅给予模糊与迟钝的同意，就好像能凭信赖去接受它，就没有必要在意识之中认识它，或用个人的经验来检验它，一直等到差不多它完全与人类的内在生活断绝联系为止。于是，我们时常从这个时代的这个世界中，发现许多事例：信条竟然像是存在于人的心智之外，把人的心智固定和僵化起来，以阻挡对我们人性更高部分的其他所有影响；并且，任何新鲜生动的观念都不许被容纳，以此表现它的力量，其自身除了作为一名哨兵监督头脑或心智使其保持空虚以外，就无所事事了。

我们能从大多数教徒信奉基督教教义的情况中，证明很多原本能在心灵上造成最深刻印象的学说，在某种程度上，可能如死的信仰一样的留存着。在想象、感觉或理解中它们从来没有实现过。我在此所说的基督教，是指它的所有教会和宗派，即《新约》所包含的各种格言和训条。全部的基督教徒都认为，那些是神圣的格言和训示，并且它们如法律一样地被接受。然而，可以不过分地说，在一千个信徒中，难得有一个为了指导或考验他的行为而参照这些法律。他的国家、阶级或宗教习惯是他所参照的标准。于是他一方面拥有一套道德格言，他相信这些都是不可能出错的智慧馈赠给他的一些治理规则；而在另一方面，他又有很多日常的见解和做法，它们与有些格言在某些范围内符合，却在许多方面与其他格言不那么相符，甚至与某些格言直接对立，而整个来说，也可认为是一种基督教信条与世俗生活的利益和意见的妥协。对前一种标准他表示崇敬；对后一种标准却有真正的忠诚。贫穷、卑贱以及被整个世界亏待的人是有福的，这个是所有的基督教的教徒都相信的；同样要使富人进入天堂将比骆驼穿过针孔还要困难也被他们相信；相信如果评判别人就会被别人评判；相信他们不能指神发誓；相信他们应像爱护自己一样爱护邻居；相信假如有人将他们的外套拿走，他们应将上衣也给他；相信他们不能为明天殚精竭虑；也相信要成为完人，他们就该将自己的一切都出售，散布给穷人。在宣称相信这些事情的时候，他们并不是不真诚。他们确实相信这些事，正如相信那些人们时常称颂，却从没加以讨论的事一样。但是对活的信仰来说，它是能节制人们的行为，他们信仰这些教义，只是达到其通常对他们起作用的那一点而已。可以用这些整套的理论来打击反对者；也可以（在可能时）用来称颂人们的行为。但是，如果一个人提醒他们说，这些格言要求他们提供很多从没想到要做的许多事情，那么，此人将无所收获，而只是将其列为那种十分争强好胜不受欢迎的人之一。对于普通的信徒来说，这些理论并不发生支配的作用，没有成为他们内心的一种力量。提到它们时，他们只是习惯性的表示尊敬，但是却没有将那些文字的含义应用到有关事情的感受上，并且迫使心灵把它们吸纳进去，使之符合公认规则。每逢牵涉到行为时，他们就会看着身旁的甲先生和乙先生，指示在什么限度内他们服从耶稣的指示。

我们现在可以确信，初期基督教的教徒肯定不是如此，而且绝对是另一回事。如果那个时候也像如今这样，基督教就绝对不会从一种人们所鄙视的希伯来人的一种默默无闻的宗派发展成为罗马帝国的国教。当他们的敌人们说：“看这些基督教徒怎样彼此相爱啊!”的时候（现在大概没人会说这种话了），当时他们对本身的信仰所具有的意义和感情，无疑比之后任何时期还要使人动容。大约主要是因为这种原因，现在基督教进展甚微，在十八个世纪以来差不多仍只限于欧洲人和他们的后裔之中。现在就算有的教徒对自己的宗教信仰很严格，对自己的教义很认真，而且与一般人相比更加重视许多教义的意义。我们也经常发现，在他们的心目中反倒是喀尔文、诺克斯，或者是另一些和自己在个性上比较接近的人所创造的理论比较占有活跃的地位。基督本人的训示与指示被动的在他们的心中并存，除了听听那些亲切温和的话之外，几乎不能产生任何影响。一个教派所独有标志的教义为什么会比各个教派所共有的理论保留更强的生命力？为了让自己独特的理论拥有生动的意义，传教士们为什么更痛苦？毫无疑问的这些是具有许多理由的；但是，其中确定的一个理由是，特殊的理论会遭受更多的质疑，因此，更需要常在那些公开的反对者之前为自己辩护。在战场上已没敌人之时，传教者和学习的人都会在自己岗位上睡着。

一般地说，关于生活态度与知识的以及道德或是宗教方面的理论等所有传统的理论，都有这样的情形。在所有的语言和文献中对于生活的一般见解随处都有，包括生活的本质以及在生活中如何做人——这是每个人都应该知道的见解，每个人都一再复述或是默许的倾听，将它当作真理去接受，然而多数人初次了解其真正的意义却是在切身体验中（一般而言也是痛苦的体验），使其意义对他们成为现实之时，才开始真正了解它。屡见不鲜的是，当一个人因遭到某种未曾料想的不幸或失望的创伤而感到伤心难过的时候，他常会想起一些他熟悉的谚语或俗语，假如以前对这些谚语或俗语他就已感同身受，就如现在这样，那么他或许就不会惨遭那种灾害了。产生这种情形的原因除了缺乏讨论之外，当然还有其他的一些原因。许多真理所蕴含的全部的意义，除了用亲身的经验去深刻体会，人们根本就无法去了解其完整的意义。然而，即便是这些道理，一个人只要惯于听到真正理解它的人从赞成和反对两方围绕它进行的辩论，对其意义的理解就会好上很多，所理解的东西印入其心中的程度也深刻得多。人类一见某事不再怀疑就放弃思考，这种致命的倾向是其所犯一半的错误之根源。

有一位当代作家。很恰当的谈到了“既定的观点的昏昏沉睡”。

但是，也许有人会问，难道真实正确的知识是以缺少一致意见为必要条件的吗？为了让任何人都能够了解真理，是不是就需要使一部分人坚持错误的见解呢？是不是一种信仰被普遍接受之后，就马上失去活力和变得不实在？除非一个命题还保留一些疑问，否则就不能得到彻底理解和感受了吗？是不是一等到一种真理被人类一致地接受了，在他们心中的真理就会消亡了呢？增进知识的最高目标和最佳的结果就是在增加人类的团结，这是大家一向认可的。共同认识一切重要的真理，难道说只有知识在还没有到达它的目标时才会存在吗？难道说征服胜利的果实会因为胜利完满实现而自我消失了吗？

我根本没有肯定这种主张。随着人类的进步，在数量上，他们不再争辩和怀疑的理论一定会不断地增加；而人类福祉的数目和重量，也差不多能由已达到无可争辩这个程度的真理去衡量。对于一个接一个问题的严重争论的休止，原来是巩固言论过程中的必要事件之一。对真实的言论这种巩固是有益的，正像它对错误的言论有害一样。当言论分歧的界限渐渐缩小，虽然那是不可或缺的，也是无法避免的，所以有其必要性，但是我们不一定得到结论说所有后果都是有益的。对于某真理的富有智慧而生动的领会而言，丢掉为该真理向反对者进行解释或辩护的必要性所提供的那种重要助力，这样的损失与该真理获得普遍承认的收益相比，纵然不足以压倒后者，也是一个不小的抵消。我承认，当这种助益不能再有时，我倒很希望人类的宣教者可以努力寻找一种替代的办法，将这个问题的种种困难深刻地烙印在学习者的意识面前，就如有一个很希望他改变信仰的反方代表，正要把这些困难强迫地加在他的身上一样。

然而，他们并没为实现这个目的寻找办法，而且还丢掉了原来的办法。柏拉图的对话中有很好的范例，苏格拉底的辩证法，就是这里所说的办法之一。这个辩证法，实际上是从负面来讨论哲学和生活的重大问题，用登峰造极的技巧将那些只是采用公认的陈词滥调的人说服，让他知道自己并没有理解该话题——知道他对自己所宣奉的学说还没有赋予明确的意义；目的是使他们能发觉自己的无知，然后使他们清晰的了解各种学说的意义和证据，引导他获得稳固的信仰。在中古时期，学院的辩论也有一个大概相似的目标。要确保学生了解自己的观点以及（通过必要的关联）与此相反的观点，能够强化前者的依据，并且驳倒后者的理由。这些学院的论战的确有其不可救药的缺陷，即所诉诸的前提是出于权威而不是理性。如果把它视为一种心智训练的方法，与那一个构成“苏格拉底弟子”（Socraticiviri）的才智的强而有力的辩证法相比，它们在各方面都比不上；但是这两者在远超过一般人愿意承认的程度上对现代人心智做出了贡献，再现代的教育方式也没有任何东西可以在最低程度上充实这两者中任何一个。当一个人所受的教育完全来自教师或是书本，就算他可以躲开那种来自四面八方的使自己安于被填满的求知欲，也不会感到有一种迫切地想要去听取正反双方面的观点；所以，如果一个人对正反双方的理由都能有所了解，即使是在思想家当中，也成为一种非常稀有的成就。每个人准备用来答复反对者的部分，也是他替自己的意见辩护时最脆弱的地方。轻视否定的论理学是目前的风气——就是错误地指出理论的弱点和实践中的错误，而不是确立正面的真理。如果将这种执着否定的批评作为最后的成果，确实是不够充分的，但是，如果将它当作为了获得任何一种值得正面的知识或信念的手段，这种方法无论怎样评价都不会过高；除非人们能够系统的对这种逻辑再加以训练，否则除了数学和物理学的推理之外的方面就将只能产生极少数伟大的思想家和多数低智力水平的人。在任何其他主题上，除非他被别人逼迫，或者自行经历那种必须和反对者不断激烈辩论的精神活动，否则就不能称任何人的意见是真理。这种精神活动必不可少。然而我们可以发现，没有这种精神程序，却又要去创造出这种精神活动是何等的困难。因此，如果它自行出现我们还要加以摒弃的话，那就无比荒谬了。如果有人去争辩大家公认的言论，或者在法律或舆论许可那样做时，我们确实应感谢他们，坦然地听取他们的意见，还要为此欣喜鼓舞，因为有人替我们做本应该我们以更大的辛劳为自己做（假如我们还关心自己信念的确定性和生命力的话）的事情。

接下来要谈的，是一个使言论分歧的主要的原因。在今天看来人类智力进步还相当遥远的一个阶段，仍然要继续谈到它，这当中有若干个原因，现在再讲讲余下的一个原因。到现在我们只考虑过两种可能：一种是假定被大家公认的言论是错误的，则某个另外的观点是正确的；另一种是大家公认的言论是正确的，它和反方的谬误互相冲突，对于它本身那种清晰地理解和深刻地感受该观点的真理性相当重要。但是还有另外一种情形比这两种更常见，那就是两种互相冲突的理论，并不是一种错误而另一种正确，而是将介于两者之间的真理分享；其中被大家公认的是一种只包含一部分真理的理论，还需要用与之不合的言论来补充该真理。只要不涉及感官的主题，那么，通常各种通俗的言论都是真的，但是，却非常少或从未包含全部的真理。它们是真理的一部分，有时是那比较大的部分，有时候是比较小的那一部分，但是，却被夸张、曲解，而导致离开了那些伴随着他们而来的真理，以及限制它们的真理。在另一方面，通常异端的言论正是一些被压制和被忽略了的真理，突然摆脱了束缚它的锁链，要么是寻求与普遍持有观点中所含的真理相调和，要么是与通行观点为敌，到现在为止异端的言论还自以为是独占全部的真理。后一种情况是迄今为止最常见的，因为在人的心智方面，片面性总是通则，多面性却是例外的。因此，甚至在观点的涡旋运动中，通常也是真理的这一部分堕落下去，那一部分提升上来。甚至在本应是累加性前进运动中，大多也只是由一个片面而不完全的真理取代另一个；改善之处主要在于，新的真理片段比它所代替的更适应时代的要求。立于正确基础上的主流观点尚且都具有这样的片面特性，所以，应当重视通行观点所忽略，而其本身却多少体现部分真理的每一个观点，不论该真理当中可能混杂了多少谬误和混乱。凡是用清醒的头脑来判断人类事物的人，没有任何人一定会对这些人感到无法抑制愤怒，仅仅是因为我们所忽略的真理被这些人发现了，使得我们被迫去注意这些人，而且这些人竟然忽略了我们所知道的真理。面对上述的情形，一个用清醒的头脑来判断人类事物的人不但不会愤怒，他反而会认为，只要通俗的真理是片面的，对不通俗的真理做单方面的主张就更为有的人需要。因为这样通常最有生命力，也最可能迫使人们对于片面主张者宣称全面而实则片面的智慧给予勉为其难的关注。

于是在18世纪，几乎全部有教养的人，以及那些所有接受他们领导的没有教养的人，都醉心于所谓的文化，以及现代科学、文学和哲学的各个奇迹。当他们将现代的人和古代的人的不同之处进行了大大的夸耀，还自以为是地相信所有的这些不同之处都对他们有利时，卢梭的种种悖论，就如同炸弹，在他们结构紧密的片面观点间爆炸，改变其位置，并迫使那些言论的因素，用一种更好的形态且加上一些要素而重新组合，这引起了多么有益的震撼效果啊。这说的并不是对一般而言。那些流行的言论要比卢梭的言论与真理距离更远；相反地，它们倒是更接近真理，包含更多肯定的真理，而且错误很少。然而，在卢梭的言论中却包含着恰是流行观点所缺少的数量可观的真理，并且随着它而流入观点和言论的河流里，却正好有不少是通俗言论中所缺乏的真理。等潮水退去之后，他们也是留在河流中的宝藏。有无上价值的简朴生活，虚伪社会的网罗和虚伪地耗费精力、败坏风气之恶果，这些都是自卢梭的论著之后从未在有教养的心灵中完全丧失的观念；它们随时还会产生其应有的效力，当然，今天像在任何时候一样都需要大力维护，并且还需要用行动来维护，因为语言在这个话题上几乎已力量耗尽了。

再说政治方面，几乎已成老生常谈的是：一个政党主张的是有秩序的和稳定的，另外，有的政党主张的是进步的或改革的，两者都是政治生活健康状态之要素，直到此党或彼党扩充其理解力，懂得并善于识别什么适合维护，什么应当清除，从而成为一个既重秩序又重进步的政党。这两种思维方式各借助于对方的缺点来显示自己的用处；但也在很大程度上各自依赖对方的反对才把自己维持在理性和健康的范围以内。私有财产和平均分配、民主政治和贵族政治、奢侈和禁欲、合作和竞争、奢侈与节俭、自由和限制，以及在实际生活上所有其他相互对立的主张，除非把赞成每一方的观点都以同等的自由发表出来，并且以同样的才能和精力进行主张和辩护，否则就没有机会让每一方各得其所；天平的一方上升，另一方则肯定会下降。在生活中的一些重大实践关注点上，真理在很大程度上是对立面相互协调和结合的，而人们很少具有足够宽宏大量和公正对待的心胸将上述事情调整到接近正确，这就必须借助于作战双方在敌对旗帜下进行斗争的粗暴过程才能体现。在上面刚举出的任何一个重大公开的问题上，如果两种观点中的一种比另一个更占优势，那么，恰恰应该给予在特定时间和特定地点处于少数地位的那个人以支持。这个观点在当时代表着被忽略了的利益主体，代表着人类福祉存在所得少于其应得之危险的那一方面。我知道，在我们英国，在这大部分题目上，对于观点的差异并没有什么不宽容之处。之所以举出它们，刚好证明下面这个普遍的事实。即在人类的智慧中现存的状态是，经由意见上的不同之后，才能够有去面对真理的各种不同方面的公平机会。在任何问题上，如果我们发现，当大家都有一致的意见时，有人却是很明显的对这个世界抱有独特的异议，这个世界纵使是对的，保持不同意见的那些人，有一些他们的话总可能值得我们去听。假如让他们沉默，总是损失一些真理。

也许有人会反对，但是，有些公认的原则，尤其是与最崇高和最重大有关的问题，都不仅是半真半假的陈述。例如说：道德问题的全部真理就是基督教的道德教训。如果有人用其他的道德去教诲人，那就是完全坠入错误之中。由于在全部的实际案例中，这是最重要的一个，最为恰当的就是用它来检验最普遍的格言。但是，在对什么是基督教的道德，什么不是基督教的道德做判决之前，我们先要确定它指的究竟是什么。如果，它指的是《新约》中的道德教训，我就对从这本书中获得他的道德知识的人有怀疑，但可以假定曾经它被宣布为一种完备的道德学说，或者它被当作一种去实践的道德学说。《福音书》就总是引述先前存在的道德，而把自己的训条仅限定在一些特定的事项上，而在这些事项中，或者是用一种更广泛，更高明的道德去代替；而且，它的表达形式也是出自最广泛、最不可能死扣字面意义来解释的词句，与其说带有立法的准确性，不如说具有诗一般的雄辩的感染力。不从《旧约》那里有所借鉴，仅从《新约》抽取出一套道德学说，是绝无此可能；这就是说，还需一个精工细制的过程，但在许多方面却是野蛮的，而且本意只是为野蛮人而设的道德体系那里获得补充。用这种犹太教的方式来解读教义，以及补充上帝的计划，圣保罗是公开敌视的，同样假设有一种原来存在的，希腊人和罗马人的道德，对于基督徒，保罗的训诫也是大部分和那种体系调和，甚至达到了明显赞成奴隶制度的地步。不如把基督教的道德比做神学的道德合适。这些神学的道德并不是耶稣，或者由耶稣的使徒们创作，而是来源于离他们很远的年代，后来历经了五个世纪，天主教才渐渐地建立起来；虽然，现代人与新教徒并没全部无条件的采用它们，但是，却也没将它们修改很大。虽然，这种修改可能在人们的预料之中存在。事实上，他们大多数都只是将中古时期添加的那部分摒弃，然后，每一个教派将一些新的成分自行添加，为的是让新添加的部分与这些教派自己的性格与倾向能更加贴合。如果说在这种道德和它早先的传教士们中，人类已经得到很多的益处，若有人否认这一点，那我应该是最后一人，但我要毫不犹豫地说，它在许多重要问题上是不完全的、片面的。假如它否认某些观念和感受曾对欧洲人生活和性格的形成有所贡献，那人类事务就会处于比现在更糟的状况。（所谓的）基督教的道德，实际具有一切反动的特征；它的大部分是抗议异教。它的理想与其说是积极的，不如说是消极的；与其说是主动的，不如说是被动的；与其说是力争高尚，不如说是只求无罪；与其说是力争向善，不如说是竭力避恶。总之，在它的训条里（有人说得好），“你不该”的词句不恰当地压倒了“你应该”。对于色欲的恐惧，它形成了一种禁欲主义的偏见，并且渐渐地成为一种法律。它给人们上天堂的希望，同时，也用下地狱将人们威胁，并且指定把这个作为纯洁生活的合适动机。就此它远低于古代圣贤的水平，并在其含义中赋予人类道德以一种本质上自私的性质，因为它把每个人的责任感与其同胞们的利益相分离，除非有自身利益的诱惑否则就不考虑它们。基督教主要是一种消极服从的教义；它教人对已经建立的一切权威都要服从；当然绝非积极地服从他们发出的宗教禁令，但对于加在我们自己身上的任何冤屈，也都不允许有所抵制，更不要说反驳了。在最好的异教国家的道德当中，对国家的责任已占到了超出比例的地步，甚至侵害到个人的正当自由，而在纯粹基督教伦理当中，责任这一重要部分却几乎没有得到关注或承认。我们从《古兰经》，而不是《新约》中，读到了这样的格言：“当一个统治者任命任何人担负一个职务时，假如，在他的辖区内，有另外一个人更加适合那个职务，那么，对于天主和国家他就犯了罪。”如果说这里对公众责任这一观念，在现代的道德中还能够获得一些承认，都不是来自于基督教，而是来自希腊和罗马；类似地，甚至在私人的生活道德中，现在所存的宽厚、高尚、个人尊严，甚至荣誉感，也不是来自宗教的部分，而是来自我们教育中纯粹属个人的部分。在一个公开承认其唯一价值就服从的伦理标准之下，绝不可能形成这些品质。

我与任何人一样，认为这些缺点并不必然容纳在基督教的伦理之中，也认为这些缺点并不会表现在每一种可以想象的方式之中，或者说，不包含那些完整的道德学说所不可缺少的必要条件。我很少以此影射耶稣本人的教义和训条。我相信耶稣所说的话，我所能看出的迹象就是耶稣有意要说的一切，也是一种有深远意义的道德所需的各项条件。这些话与一个兼容并包的道德体系所要求的东西并非不能调和；而且我也相信耶稣的话会给我们带来伦理的任何优点，并不需要像那些企图把他们演绎为任何实用的行为体系的人那样，需要用激烈的语言。但是，与此并不冲突的是，我也相信耶稣那些话所蕴含的，以及原本他意图包含的，只是真理的一部分。在这位基督教的创始人明文记载的言论中，我相信他并没给我们，也未曾有意给我们，那些形成最高道德的许多基本因素。而且，在基督教教会据此建立起的伦理体系中，那些因素也完全被抛弃。既然是如此情形，我认为有人如果还想要在基督教的教义之中找出能完整地指导我们的规则（教义作者企图以这些规则来核准和实施，但只部分地予以提供），那就犯了非常大的错误。因为，它的著作人就算有意让它成为一个严重的实际祸害，严重损毁着如今许多有头脑的人终于尽力增进的道德训练和教诲。我很担心，人们力图在单一宗教类型上塑造人的心灵和情感，而放弃那些一直与基督教伦理并存以及充当其补充的世俗标准（暂时未找到更好的名称），接受基督教的一些精神，又注入一些他们自己的精神，这样做将会产生，甚至现在正在产生一种低贱、卑屈、奴性的品质，擅自屈从于它所认定的“最高意志”，却不能提升到“最高善”的观念与之共鸣。我相信，必定存在另一些伦理，它们不是单单从基督教的来源演化出来的伦理，却与基督教并肩而行，以促进人类的道德重生。基督教的体系也不能是下述规律的一个例外：在人类心智未达到完善的状态下，真理的利益需要观点的多样化。当然，并不必要无视他所包含的真理。如果真的发生了这样的偏见或忽视，那就完全是一种祸害；但这的确是我们不能指望可以永远免除的祸害，应该把它看作是为一种无可估量的好处所付出的代价。部分真理却被它冒充为全部真理，这必须也应当受到抗议；假如这反应的冲动又使得抗议者失去公正，那么，这个片面性就像那个片面性一样，是可悲的，但必须得到宽容。如果，异教徒被基督教徒要求要公平地对待基督教，那么，基督教就必须公平地对待异教徒。凡是稍微对文学史有认识的人，都知道有一大部分最崇高和最有价值的道德教导，不仅是一些对基督教信仰不明了的人写出来的作品，而且也是一些对基督教信仰明了，却加以摒弃的人所写的作品。如果把这个事实置之不顾，就不能帮助理解真理了。

我不想妄称当一切的言论都能得到无限的自由来发表以后，宗教或是哲学宗派的利弊就会断绝。心胸狭窄的人，对于他们每一个所热衷的真理，一定会竭力主张，用它来对别人谆谆教诲，甚至在多方面采取行动，就像这个世界别的真理都不存在，或者没有一种真理可以限制它，或是如同它那样重要。我承认一切言论都有自成宗派的倾向，这种倾向并不会因最自由的讨论而获得救治，反而会因为讨论而时常更为增多或者更为加剧；而对于应被看到而实际没被看到的真理，也会由于它是那些被视为敌人的人提出的主张，而更加激烈地反对。但是，令这种冲突言论产生有利影响的，却不是那些情绪激愤的极端派，而是较为冷静和超然的旁观者。令人害怕的祸患并不是真理各部分的相互激烈的冲突，而是不声不响将一半真理压灭；但是，在人们只依附那个已经将错误化为成见的一方，过分夸大真理，使它失去效力时，我们却总是指望迫使他们听取双方面的主张，而不一意孤行。因为，在精神的属性中，这样一种公正执法能力是极其罕见的；正因为如此，除非真理与其每个方面成比例，体现真理任何部分的每一个观点不仅都找到自己的倡导者，而且在倡导时都能被人听到，否则真理就没有机会。

我们已经知道，为了人类的精神幸福（它也关系到人类的全部幸福），在四种明显的立场上，言论自由与言论发表的自由必须要有，现在，我再简单地说明这四种立场：

一、如果任何一种言论被迫保持沉默，尽管我们可以确切知道许多事情，但那种言论仍有可能是正确的。如果要否定这一点，那就是自认为自己永远不会错误。

二、虽然，被迫沉默的观点是错误的，但它仍有可能，而且会时常包含一部分的真理。由于在任何主题上，普遍的或主导的言论，很少或者从来不是全部的真理，那就只有让各种相反的言论相互冲突，才能使遗留的真理得到补充。

三、虽然，真理是被众人公认的言论，不仅是真理，而且全部是真理。如果它能忍受，并且在事实上受到有力和认真地争论，那么，接受它的多数人就会将它作为一种偏见去看待，很少了解它的合理根据，或者很少有感觉。而且不仅这样，还有第四点，该学说本身的意义也会有丧失或减弱，失去其对品性和行为关键影响力的危险。教条已变成在形式上宣告的东西，对于善失去了效力，却妨碍对依据的探求，阻碍任何真实的、由衷的信念从理性或亲身体验中产生出来。

在有关结束言论自由的讨论中有这样一种说法：应该允许有发表各种言论的自由，但是，前提是方式上要有节制，不超过公平讨论的范围。关于这些设想的界限置于何处这一任务的不可能性，或许有许多话要说；我认为经验会证明，凡是在从事一种既有效又有力的攻击之时，都会将这种冒犯表现出来。如果咄咄逼人地压迫反对者，以至于不容他们答复，在压迫者看来，就算这些反对者只能表现出一种强烈的感觉，他们仍然是一个很强劲的对手。虽然，这从实践的观点来看是一个重要的考量，不过却无法与一种更加根本的反对的理由相提并论。毫无疑问地，主张一种观点（即便它是正确的）可能惹人反感，有可能理所当然地遭到严厉的责难。但是，有一类主要的冒犯还在于这样的做法：除非借助偶然的自欺，否则就不可能使论断成立。其中最严重的是：即使上述的所有情形达到了最严重的程度，还是有一些人在心安理得地做，并没有认为这些人是无知或无能的，而且在很多方面，这些人可能不应被认为是无知或无能的人。所以，如果我们要站在有恰当依据的立场上，将这些在道德上不可饶恕的人公正地铲除，以避免他们造成曲解，然而这样做的可能性确实很小。在法律上，我们不能去擅自干涉这种可讨论中的错误行为。至于平常我们所指的无节制地讨论，例如诽谤、讽刺和人身攻击等等，如果我们斥责他们时同等的建议他们不要使用他们，那么，就会获得较多的支持和同情；但是，事实上却仅是限制它们在对待主流言论的使用；假如用这些武器来对那些非主流的言论进行反对，一般人不但不会去谴责，而且还会为那个使用者博得所谓真诚的热情以及愤慨的赞美。不管这些武器的使用会带来什么样的灾害，最大的危害就是用它们来对付那些比较没有防卫能力的人。通过这种不正当的方式所获得的非法利益，差不多全部归于支持公认言论的这一方。诬告持有相反言论的人是坏人和不道德的人，是一个争论者在这方面所能犯下的最大的过错。那些主张一切非通俗言论的人，很容易受到这种种伤害，因为，通常他们总是人数比较少且没有势力。

而且，除了他们自己以外，没有人关心要给他们公平的待遇。就这种事情的本质来说，那些对主流言论攻击的人，利用这种武器也很难。使用这种武器，他们既不能给自己带来安全，且对他们所要的目的也是有百害而无一利。一般说来，凡是那种与普遍被接受的言论相反的言论，只有非常谨慎地避免不必要的冒犯，即使只有很小的一点冒犯，也应极力避免。然而，为了主流的言论，粗野谩骂的使用倒是确实可以对人们公开地发表相反的言论进行阻止，也可以成功地阻止人们去听那些主张者所说的话。所以，为了追求真理和公平，这类谩骂的语言被限制使用，实在比限制使用其他手法还重要得多。举例来说：假如需要做出区别，对不信教者做无礼的攻击行为进行阻止也要比阻止对宗教做无礼的冒犯性显得更为需要。然而，很显然任何一方面法律和权势都无法阻止，至于观点，舆论去决定它的判断应该根据个案发生时的实际情形，然后，在辩护的态度上，表现出缺乏公正、怀有恶意、固执或不宽容他人，凡此种种，不管他站在辩论的哪一边（即使是与我们自己的观点相反的一方），并不会因一个人的立场偏向那一边，就不问是非地推断那些缺点是他具有的。就算他的立场对我们所反对的一方偏向，也不能这样不公正地论断。无论每个人持有哪种意见，都能平静地了解，诚实地说明他们自己和反对者言论的实情，不夸张他们不利的地方不去，都应该给予这些人应得的荣誉。这是公共讨论的真正的道德，可能有人经常违反这一道德，但是，我仍然乐意看到有很多参与争论的人，更多发自良知的，并且忠实地为它奋斗的人。

On liberty

第三章　个性——幸福的一个因素

人类应自由地形成意见，并且毫无保留地发表自己的意见，上一章已经将种种迫切的理由说明。除非承认这种自由，或者即使被禁止也依然坚持这种自由，否则的话，对人类知识的认知，以及关于人类精神的气质，都会产生毁灭性的结果，这在前面也做了说明。现在，作为第二步，让我们考察一下上面这些理由是否也要求人们应当有按照其想法而行动的自由——把这些想法在生活中付诸实践而不遭到其同伴身体或道德的阻碍，只要是由他们自己去承担风险和危害。自然，上面这句话中的最后的附带条件是不可或缺的。谁都不会妄称行动应当像想法一样自由。相反，如果发表意见的现场，会煽动某种有害的行为，那么，意见也要失去它的豁免权。像以下这一类的意见，声称：粮食商人是让穷人挨饿的人，或者说私有财产即抢劫。如果这种观点仅仅是通过报纸去传播，还不可能会受到妨害。但是，假如向在粮食商人的门外聚集的一群冲动的暴民做如此演说，或者在那些暴民之中以告示的方式传递，就会给予应有的惩罚。凡是没有正当的理由而去加害别人的行为都可能被反对者的积极干预来控制，也绝对需要反对者进行压制，而必要时也需要人类积极地干涉。必须对个人自由有一个限制；他绝不能使自己成为他人的妨害。就是任何人都不能去妨害别人。但是，如果他避免妨害牵涉到别人的事，只对与自己有关的事情依照自己的偏爱和判断去行动，那一切言论自由的根据，也同样证明不应该阻挠他的行动。是容许他自行负担后果地去将自己的意见付诸实践。述诸原理：人不是不错的；他们大部分的真理只是半真半假；除非，对相反的意见有过充分、自由的讨论，否则意见的统一并不可取。在人类比现在更能认识真理的一切方面以前，意见的分歧反而是一件好事。这些原则与他们的意见适用；同样地，也与他们的行为方式适用。就像人类还没有达到完美以前，应该存在不同的意见，既然是有益的，同样在生活中有不同的经验也应该是有益的；只要不损害到别人，就可以让各种不同的性格自由地发展；想去实际体验不同的生活方式的，可以试着验证这些不同方式的价值。总而言之，在主要的不牵涉到别人事情上，一个人就要维护自身的权利。如果不是凭借个人的品格获得行为的法则，而是来自别人的传统习俗或是习惯，那么，个人和社会也就缺少取得进步的一个最主要的因素，人类就缺少获得幸福的一个主要的因素。

对于这个原则的维持会碰到的最大困难，并不在于去了解要用什么方法来获得一个公认的目的，而在于人们也都普遍地对那种目的本身漠不关心。假使他们认为个性的自由发展是幸福首要的因素之一；而且认为它不仅是一切文化、教训、教育和文明等这些名词所包含的内容，是它们的一个要素，而且是它们必要的部分和条件，那么，自由就没有被低估的危险，而对个性的自由和社会管制间界限的调整，也就不会显得很困难。然而，缺点是在人们通常的思考方式之中，很少人认为人的自动具有什么内在的价值，或者是对它本身有任何值得重视之处。大多数人对于人类现有的种种方式（因为正是他们使之成为现在的模样），根本不能了解，为什么那些方式对于每个人还不够好？更糟糕的是，大多数道德家和社会改革家的心中并不包含自动自发这一个观念，他们反而用极端的眼光将它当作一种令人讨厌的阻碍或反抗，因为它对一般人去接受改革者的意见进行了阻碍。而改革者按照自己的判断，以为那是对人类最好的事。除了德国人以外，能够了解著名的学者和政治家威廉·冯·洪博德的人很少，他的一篇论文中所表达的理论和意义——“人的目的被理性永恒不变的命令规定，它的目的不是被模糊的、一时的欲望提示，而是要使他自己的能力有最高和最协调的发展，变成一个完全而一贯的整体。”所以，每个人必须不停地努力，尤其是那些志在影响别人的人，必须常常注意目标，这正是能力和发展的个性。

在这方面还有“自由与情况的变化”这两个必要的条件，以及由这两者的结合所产生的“个人的活力与复杂的多样性”，合并成“首创性”。

尽管人们对这种威廉·冯·洪博德的理论了解甚少，而他对个性予以这么高的评判，或许在他们看来会觉得大吃一惊，但人们必须认识到，这个问题只是一个程度上的问题。对于实行更加完美的理念，没有人会认为人们应当没有作为，而只是彼此模仿。没有人会反对人们把自己的判断或者自己的个性所具有的任何影响，融会贯通到他们的生活方式与行为之中。另一方面，要假装以为人们应当生活得与先人一样，这个世界与之前一样愚昧无知，在经验上不可能出现有一种比现在更好的生存方式与行为方式，这种观点同样会令人感到荒唐无稽。没有人会否决，人在年少的时候，务必接受教育与培养，使他们知晓并且从人类的经验中获得有益的成果。但是，在他的能力接近成熟以后，以他自己的方式去运用与诠释经验，却是一个人的特权和正当条件。他要自己找出有哪些已经有的经验，能够恰当地用于他自己的情境与性格之中。别人的传统与习惯，在某些范畴内，都是源自于他们的阅历，也是假设的证据；并且因为是假设的证据，所以也应当获得他的尊敬。但是，首先，他们的阅历或许太狭隘，或者他们已有的诠释是错误的。其次，他们对经验的解释或许准确，但是对他而言，却不适合。习惯是由通常的环境与通常的性情所造成，而他的环境或者性情，或许超乎寻常。第三，尽管那些习惯都是好习惯，并且对他是适宜的，但是只是因为那是习俗而去遵从，那就并不会对他有什么教益，或者发展他内在的、独有的天赋与气质。人类的知觉、判别、心理活动、甚至精神上的能力，只有在作选择时才可以施展得淋漓尽致。假如只是因为那是习惯就去做，那么他就没有做过选择。不管是在判断什么是最好的，或者是在寻求什么最好的，这些方面，他都得不到实践的机遇。心智与精神的力量，与体力大同小异，只有利用它，它的能力才会增大。只是因为他人在做一件事情，我们就随波逐流，正如同只是因为别人在信仰一件事情，我们就跟着去相信，同样没有利用上述的那些能力。假如一个人在自己的理解中，没有确定对一种意见的立场，他采用这一种立场并不能增大他的理解，反而会削弱他的理解。同时，假如一种行为的诱因，与他自己的感觉和性格格格不入（这里指不涉及喜好或权利的时候），那不仅不能使他的感觉与性格变得朝气蓬勃，反而会使它们变得麻木不仁。让这个世界去为他挑选生活计划的人，或者是让他自己那部分的世界去为他挑选生活计划，那么他除了需要像猴子一样的临摹能力以外，就不需要其他的能力了。

自己挑选生活计划的人，要使用他的所有智能。他务必睁大双眸去看，用理解与判断力去预知，用行动去搜索供他做决定之用的材料，用辨别力去决定，而且在已经决定以后，还要用持之以恒的态度与自制的能力去践行他自己谨慎的决定。同时在行为部分，如果他依据自己的判断与感觉去决定的部分越多，他所需要与利用的这类品性也就越多。没有这些东西，他有可能会被引导迈上一些良好的道路，避开有害的路径。但是作为一个人，他还有什么相对价值呢？真正举足轻重的，不仅是人要做些什么，而且要看做此事的是什么样的人。人的所作所为，固然都能够正当地用来使人生美满与美化，但是最重要的还是人本身。即便可能用机械人去建造房屋、种稻、打仗、审判案件，甚至打造教堂与主持祈祷，就算如此，要拿这些机械人来与文明世界中大自然所创造出来的最平淡无奇的男女来交换，也将是一种莫大的损失。人性不是一架机械，不能够用一个模型去铸造，要求他按部就班地去做指定的工作；而是像一棵树，需要依赖那些使它成为一个生物的内在力量的趋向生长，向各方面自行生长与发展。

一般人或许会认可：人们应当使用他们的理解力，这是可取的；明智的顺从习惯，或者甚至偶尔明智的背离习惯，这总比盲目与只是机械般的附和习俗要好。在某种程度内，大家都认可我们的理解力应该是我们自己的；但却不太情愿认同我们的欲望与冲动同样也应该是我们自己的，或者认同自己多少具有一些力量的冲动，绝非什么危险与陷阱。

然而欲望和冲动，正如信仰和约束的地位一样，都是一个完善的人的一部分。而剧烈的冲动，只在它没有恰当地获得平衡的时候，才会危机四伏，那就是在一些企图与倾向发展成为强势力量，而另一些应该与之并立的企图与倾向却还脆弱而消极的时候。人们会做出卑劣的行动，并不是因为他们的欲望太强，而是因为他们的心灵太不堪一击。在剧烈的欲望和不堪一击的良心之间，没有自然的关联。自然的关联是另一种方式。要说某一个人比另一个人欲望与情感更为剧烈和盘根错节，就等于说他拥有更多人性的原材料，因而他就有能力去做更多的好事，或许有时他也有能力去做更多的坏事。所谓剧烈的冲动不过是精力的另一称谓。精力或许会误入歧途，但是一个精力充沛的心通常总比一个懈怠与麻木的心能够做出更多的好事。那些具有最五彩缤纷自然情感的人，通常也可能将其培育的感情变为最剧烈的人，使得个人的冲动成为炙热有力的剧烈感情，而这也正是热衷美德和严格的自我节制所产生的源泉。由于这些感情的培育，社会才既履行其责任、保护其利益，而且不至于因为不知怎样创造英雄，就连创造英雄的材料也抛弃掉了。如果一个人欲望和冲动都是他自己的（这些是他自己本性的表达，由他自己的教化所发展和改变），就被称为是有性格。一个没有欲望与冲动的人，就没有性格，比一架蒸汽机更没有性格。假如他的冲动是他自己的，而且是在一个剧烈的坚强意志掌控之下，那么他就有一个精力充沛的性格。认为对欲望与冲动的个人性格不应加以鼓舞让它体现的人，必以为社会不需要强而有力的性情（社会中包含许多富有性格的人并不会更好），并且一般认为精力的高位平均值是不可取的。

在早期的某种社会形态中，欲望与冲动等力量也许确实曾经大大地超越了当时社会所有束缚与管理它们的力量。有一个时期，自发与个性的体现过多，曾使社会的原则和它做过艰辛的斗争。当时的困难是诱导身心俱强的人们，服从一些需要他们控制冲动的规则。为了要攻破这个困难，法律与纪律（就像教皇对君主的斗争）主张一种置于整个人之上的权力，要求掌控他的全部生活，以便掌控他的性格。而在这方面，当时的社会还没有找到其他充分束缚的方式。但是当代社会已经比个性占了上风；而胁迫人性的危险却不是个人的冲动与偏好过多，而是失于不足。事情已经发生了翻天覆地的变化，因为过去依赖着地位或个人禀性才能成为强者的人，通常会违背法律和条例，要使受他们影响的人可以享受起码的安全，就务必对他们严加管理。自此以来，事情已经大大地改变了。在我们的时代里，从社会的最高阶级到最低阶级，每个人都好像生活在一种敌视和恐怖的检查制度的监督之下。不仅在涉及他人的事情上，而且在有关自己的事情上，一个人或者一个家庭之间也从来不问自己：我热衷什么？或者什么能够让我体现出内在最好与最崇高的气质，使它欣欣向荣？他们问自己的是：什么适合我的地位？像我这样身份与这样财富的人们通常做的是什么？或者（更坏的），试问地位与财富都胜于我的人们通常做的是什么？我不是说，在合乎习俗与合适他们的偏好这两类事情之间，他们选择前者而舍弃后者。除了合乎习俗的事情以外，他们从来就不会想到有其他倾向。于是，就连意志本身也向约束束手就擒。即便是在人们为了取乐而做些什么时，他们首先想到的也是趋于合情合理的事情；他们喜爱置身在群众之间，他们只在一般常做的事项之中展开其选择；特别的趣味、怪异的行为，是和罪恶一样要退避三舍的。由于他们不遵守自己的本性，最后就没有本性可以遵守。他们的能力枯竭、匮乏；他们变得不能有任何剧烈的愿望和与生俱来的欢乐。而且通常也没有自发的意见或发觉，或可以称为是他们的意见或者感觉。这样的人性条件究竟是可取，还是不可取呢？

一句加尔文的学说：人性就应当是这样。按照该学说，人类的一大罪行就是自己的意志。人类能力所能及的一切善行都可包含在服从二字之中。你没有选择，你务必这样做，除此之外就会无所事事。“但凡不是义务，就是罪恶。”人性从根本上是败坏的，除非在他内心中将人性泯灭，否则任何人都不能取得救赎。对一个持有这种生活理论的人而言，扑灭人的任何智力、行为能力与感受力等，都不算实至名归的罪恶。人不需要有能力，只需要委身于上帝的意念。假如他将他的能力不用于更有效地执行那种假设的意旨，倒不如没有那些能力。这就是加尔文主义的理论。并且也以一种舒缓的方法，受到很多不认为自己是加尔文信徒的人的拥戴；舒缓的地方包含于对上帝的明确意旨是要给予较少禁欲性的解释，和阐明上帝的意旨是要人类满足他们的一些嗜好。当然在这方面并不是按照他们自己挑选满足的方法，而是要用服从的态度，也就是依照当局替他们规定的途径；所以，事情的必要条件既是如此，则对于所有人都是一样的。

依据着这类阴暗的方法，眼下对于这种偏颇狭窄的人生理论，以及它所支持的那种苦楚的、狭隘的人类性格，已经有一种剧烈的趋势。有很多人毫无疑问是真诚地发自肺腑的相信，如此被约束和压抑的人，是造物主故意要使他们变成那样，正如很多人一直以为，假如将树木剪去树梢，或将它修剪成动物的形状，会比自然所赋予树木的本来面貌更美观一样。但假如我们相信人类由一个好心的神所打造，是属于任何宗教派别的一部分，我们要确信这个神给人们五花八门智力是要他们去培育与展示，而不是要让它们被消除与消耗一空。相信他的创造物每向他们的理想观念靠近一步，以及在他们的感知能力、行动能力或者享受能力每有增强的时候，会使那个神深感安慰，也将更为吻合那种宗教信仰。和加尔文主义大相径庭的，是另一种关于人性的观念，那一种人道观念以为人被赋予禀性并不只是为了否定它，而是别有目的。“异教的自我肯定”正像

“基督教的自我否决”一样，都是人类价值的因素之一。在柏拉图与基督教的自治理念中，都掺杂着希腊人的自我控制思想，但却没有鸠占鹊巢。做一个诺克斯比做一个亚尔西巴德（Alcibiades）要好，而做一个伯里克里斯则又比二者都要更好；但是假如我们这个时代也有一个伯里克里斯（假如我们在一段时光里有过这个人的话）的话，他也不会没有诺克斯的所有闪光点。

人类之所以能在想象中成为一个高尚美好的个体，并不是因为减弱他们所独有的一切，使它有统一性，而是在不侵犯别人权益的范畴内，把它培育起来发扬光大。由于这些工作分担了做事者的性格，用相同的方式也能够使人的生活变得五彩斑斓、多变化和生机勃勃。为高尚的思想与高尚的感情带来更丰富的养分，加强个人和种族密不可分的关系，使它成为更值得引人入胜的种族。随着个性发展，他将更注重自己，也会更为别人所注重。他的生命将更为充实，而当单位中有了更多的生命时，他们所构成的群体也就更加的生机盎然。自然，为了预防人性中较强烈的部分侵犯别人的权利，必要的压制还是不可或缺的；但是，即便从人类发展的观点去看，在这方面依然有充足的补偿。个人因为被阻止而损害的那种侵犯别人以满足自己偏好的发展手段，主要是源自于牺牲别人的发展。即便对于他自己而言，他的本性中的利己部分虽被束缚，但因此而使社会中利人的部分取得更好的发展，得失之间，他依然有得到相等的收获。一个人为别人遵守严格公平的准则，就是发展专以别人幸福为目标的感情与能力。但假如只因别人郁郁寡欢而就在一些不影响他们幸福的事情上对人加以约束，除了反对这种约束的性格力量外，就无法发展出任何有意义的东西。假如默默地接受这样的约束，也会使整个人性呆滞愚昧。为了公平对待每个人的天性，至关重要的事是允许不同的人过不同的生活。从比较来看，这种自由假如被一个时代利用，就相应地能够知晓，那个时代会流芳百世的。只要个性还能在它的下面生存，即便是专制也不会产生它最坏的影响。

而凡是摧毁个性的就是专制，无论用什么名义去称谓它，也无论它是否自称是执行上帝的意志，还是出自于人的指令。

在上述中我已经阐明个性就是发展，只有培育个性才会产生优良发展的人类，在这里可这样来完结这个论证了。关于人事方面，我已经提及，个性将使人类靠近他们所抵达的理想，还有什么更多更美好的话可说呢？或者还有什么事会比阻扰个性妨害幸福呢？但是毋庸置疑的，这些理由还是不够说服那些需要被说服的人；所以仍须进一步展示，已经进步的人对于未进步的人或多或少是有些益处的——向那些不渴望自由与不乐意运用自由的人指出，他们允许别人随心所欲地使用自由，会在某种能够理解的方式中取得补偿。

因此，首先，我要阐明他们能够从那些已经进化的人那里学到一些东西。任何人都毋庸置疑的，创作力是人类事务中一个难能可贵的特质。人不仅时常需要发现新的真理，并指出之前一度成为真理的什么时候已经不再是真理，而且需要创新一些新的做法，在人类生活中建立更新的行为准则，更好的趣味与见识的榜样。但凡不相信这个世界一切的风尚和习惯已抵达完美状态的人，大致都不会反驳这一点。这种善举确实并不是每一个人都能做到的；与全人类比较起来，只有屈指可数的人的各种实验在为人所采纳时，才会对已有的做法有所改进。但是这些屈指可数的人恰似地上的盐；失去他们，人类的生活就会沦为一潭死水。他们不仅介绍很多之前没有的闪光点，并且还使生活维持在那些已有事物中。假如没有新的事情可做，人类的智力岂不就成为不必要的了？那些墨守成规的人，竟会忘却他们为什么那样做，并且不是像人，而是像牛一样地做，这会是理由吗？现在出现一种显而易见的趋势，那就是只存在一种把最好的信仰与做法退化成机械的东西，除非后继有人，并以其永无止境的创造力去抑制那些信仰与习惯的根据被传统化，不然，那些僵硬的死教条将不堪一击，而文化也会像在拜占庭帝国时一样地被灭绝。天才的人的确凤毛麟角，并且大概永远只是极少数；但是为了获得他们，就务必保留生长他们的土壤。天才只有在自由的空气中，才能自由地呼吸。所谓有天才的人，顾名思义，总是比其他人拥有更多特别的个性。结果则是使得自己更轻易经历社会有害的压迫，社会迫使这些天才适应社会，社会为了避免个人自行形成性格的苦恼，迫使天才成为模式中的任何一种。如果他们因为胆小，情愿服从其中一种模式，让他们那些不能施展的部分在压力下永远不得有的放矢，他们的天才就不会对社会有什么益处。假如他们性格强悍，摆脱了社会给他们的约束，那他们就成了下述社会努力挫败的一个目标，即把他们压低到平庸，严正地警告指责他们为野人、怪物，以及诸如此类的称呼——如同一个人看到尼加拉河（the Niagara River）会抱怨它不像一条荷兰运河那样平稳地流动。

我要这样坚持天才的重要性，以及在思想与实践双方面让它自由发展的必要性，是因为尽管我清楚没有人在理论上否决这一立场，但也知晓事实上差不多每个人都对它熟视无睹。假如天才能使人写出一首感人的诗或者绘成一幅画，人们会以为天才是好的。但一说到它的真实意义，在思想与行为上的首创性，虽然没有人会说不值得倾慕，但是几乎所有人都在心里以为即便没有那些天才，他们也能够做得一样好。遗憾的是，这种想法太理所当然，而不足为奇了。首创性是这样一种东西，没有创造精神的人无法体验创造力有什么用途。他们不知创造力能为他们做些什么？他们怎会知晓呢？假如他们知晓创造力能为他们做些什么，那它就不称其为首创性了。创造力可以服务于他们的第一件事，便是开拓他们的视野。而在眼界被充分开拓之后，他们就有理由使自己也具有创造力。到那个时候，回忆一下，天下没有一件事不是由某个人首先做出来的，现存的一切美好事物都是首创性的果实，那就让他们以足够谦恭的态度去相信，仍然还有一些事情需要首创性去完成，并且明确告知他们，他们越少意识到首创性之缺乏，就越需要首创性。

严格地说，无论人们对于真正或者假定的精神上的优越，在口头上或者实际上如何尊敬，整个世界的一般趋势，却是要使人类这种优越的能力成为不值一提的。在古代历史中、中古时期，与从封建政体到现代，使其重要性渐渐减少的漫漫过渡时期中，个人就他自己而言都是一种力量；而假如他有优越的才能或高尚的社会地位，他就是一种无与伦比的力量。目前个人的一切，都为群众所覆盖。在政治上，现在公众意见统治着世界可说是一种常识。唯一实至名归的力量，是属于群众以及迎合群众趋向及冲动的政府。这在公务上虽然如此，在私人生活的道德与社会关系上也大同小异。那些把自己的意见称为大众意见的人，通常并不属于同一类的大众。在美国，他们是全部的白人；在英国，主要是中产阶级。但他们自始至终是大众，换而言之，是集体的庸人。而且更为奇怪的是，这类大众现在并不从教会或者国家的权贵、名义上的领导人，或书本上获得他们的意见。他们的见解源自和他们大同小异的人，那些人向他们演说，或者即兴发挥，以他们的名义在报章上刊登意见。我并不是埋怨这一切。就一般情形而言，还有什么事更适合目前人类精神所处的状态？但是，这却不能阻碍庸俗的政府成为庸俗的政府。没有一个民主或有许多贵族的政府，能够在其政治行为或其所培养的观点、品性与心智情调方面免于庸俗，除非是那些拥有主权的人，能让自己遵从一个或少数才华超众和更多教养的人的忠告和影响（在鼎盛时期，他们总是那样做的）。所有聪慧或者尊贵事物的创始也必定是出自一些人，一般首先都是源自某个人。普通人所能分享的荣耀，就是跟随那个首创；在内心可以适应聪慧和尊贵的事情，并睁大双眼来接受它们。我并不鼓舞那种“英雄崇拜”，即认同有天才的强者攫得世界的统治权，使世界对他言听计从，而不顾虑它自己的意愿。他所能要求的，只是为人指出这条路的自由。至于抑制别人的权力，不但和其他人的自由与发展相违，并且也使强有力者本身堕落。

但是只在平凡人构成的大众，其意见正在成为一种主导力量的时候，看来平衡与纠正那种趋势的办法，就是让在思想上至高无上的人，显而易见地表现其个性。尤其是在这类形式下，我们不但不该阻挠，也要鼓舞不寻常的人在行为上和大众大相径庭。在其他时候他们那样做并没有益处，除非他们所做的不仅是和大众大相径庭，而且比大众都要出类拔萃。在这个时代中，单是做一个不愿苟同的案例，单是回绝，向习惯屈服，这本身就是一种贡献。正因为观点的暴政已使怪异成为一种谴责的对象，为了挣脱这种暴政，也更需要人们标新立异。但凡在性格力量丰富的时候与地方，奇怪的行为和主张也丰富。而社会上奇怪行为与主张的多少，也和它所包括的天才、智力与精神勇气的多少成正比。现在敢有怪异的行为和主张的人屈指可数，正是这个时代的主要危险的标志。

在之前我已经提及，为了使不合习俗的事物获得尽可能自由的发展空间，以便随时可以显示出其中的哪些适宜转变成为习俗。但是行动独立和对习惯的忽略应当加以鼓舞，并不只因为它们能够为较好的行动方式和值得普遍采纳的习俗提供脱颖而出的机会；也不是只有具备明确无误的精神优越性的人们才可以正当地要求按照自己的方式过自己的生活。一切人类的存在并没有理由打造于某一种或某几种模型。假如一个人具有相当多的知识与阅历，他为自己所规划的生存方式就是最好的生存方式，那不是因为它本身是最佳的方式，而是因为这是他自己的方式。人类与羊迥然不同；就是羊也不完全一模一样。除非依据他的尺寸去打造，或者有整个仓库的货物供他选择，不然一个人无法得到适宜的外套或一双合脚的鞋子。难道使他适应一种生活方式比给他一件合适的外套更容易吗？或者人类在整个生理和精神的构造方面，能比脚的形状更相像吗？假如人类只有爱好上的差异，我们就有了充足的理由，不该妄图用同一个模型去打造他们。况且形形色色的人，为了个人精神上的发展，他们还需要有不同的情况。此外，不同的人不能在相同的道德氛围中得到健康的生存，如同所有植物不能都生存于相同的天然环境中一样。在培育崇高的性情方面，某些事对某一个人会有益处，但对另一个人却成为阻碍。相同的生活方式，对某一个人是一种有益的激励，使他所有的行动与鉴赏能力都维持在最佳状态，而对另一个人，却苦不堪言，停滞或者毁灭所有的内心生活。无论是狭隘的由来，痛苦的感觉，以及不同的肉体和道德行为所发生的用途，都存在如此多样的差别，除非在他们的生活方式中也有相应的差别，不然，他们既得不到应有的快乐，也不能抵达他们本性中原可抵达的、心理的、精神的与审美的高度。那么，以大众的情绪来看，为何要强迫大多数人接纳和服从生活爱好与方式，却唯独对这些人另眼相看呢？在任何地方（除了某些修道院以外），爱好上的不同并没有被完全否决。一个人能够热衷或者讨厌划船、吸烟、音乐、运动、下棋、玩纸牌或者诵读，并不受到别人的责难，而讨厌这些事情的人也多得不计其数。但是有些男男女女，却会因为做了别人未做的事情或者不做人人都做的事情仍然被人指责，就像犯了严酷道德的过错似的，成为被冷嘲热讽的对象。要是女人似乎就更严重。人们务必要有一个头衔，或其他表示地位的象征，或有关地位观念的徽章，之后才可以略微依据自己的喜爱放肆行事，而不影响他们的声誉。我要重申一次，他们只能稍微依据自己的喜爱行事：因为假如有谁过度放纵自己，他们所遭的危机就要比侮辱性的言辞厉害得多。他们有被宣布为精神错乱者，被剥夺财产并交付给他们亲族的危险。

目前舆论的趋向有一个特征，就是对于个性的任何显著体现非常不满。在人类当中，通常人都是智力平平，而且在意向上也平常；他们没有太强的爱好或者夙愿迫使他们去做任何超乎寻常的事，结果他们就不会了解那些有着强烈兴趣或愿望的人，而且把那些人看作野蛮和放荡的流氓，习惯地予以鄙视。除去这一个普遍的事实，现在我们还不得不假设另有 个改变社会风气的强而有力的运动正在开展。这些时间以后，这一运动在促进行为规律化与阻碍偏激这方面，事实上起了很大的影响；而且普遍体现着一种博爱的精神，为了实现这个精神，指明我们的同胞最需要道德的与智力的改进。这个时代的这些倾向，比之前大部分时代都更加倾向于促进社会规定出一套行为的一般规则，并努力要每个人遵循它所认可的准则。而那个准则，无论是表明或者默许的，都对事物不存在剧烈的希求。它所谓的理想性格，就是没有任何明显的性格，用压缩约束的方式去摧残人性中每一份显得特立独行的部分，如同中国女人的缠脚一样，有意要使轮廓上格格不入的人，都有相同平凡的人格。

正因各种理想常常把可取的事物的一半排斥在外，目前所认同的标准又只能为其他的一半产生劣质的赝品。这个认可的标准所产生的，不是由有力的理智指引的伟大能力，也不是发自肺腑的意愿严格控制的强烈感情，而是不堪一击的感情和能力。所以，除了在外表上服从规定外，不能产生任何意志或者理性的力量。在任何尺度上已经是精力旺盛的人，正在变得因循守旧。除了商业之外，目前在这个国家中，精力几乎没有什么出路。我们在这方面所耗费的精力可以说非常多。而除商业以外剩余的一点精力，也都是用在某些爱好上。这种爱好或许是有益的，甚至博爱的，但却通常是某一件事，还不是什么大事。现在英国的伟大全在于集体，说到个人就总是渺小的，我们显得有能力做伟大的事情，也只是靠我们联合的习惯；而这正是我们的道德和宗教的博爱主义者感到完全满足的。然而恰恰是另一类气质的人而不是此类人造就了曾经的英国，现在也需要另一类气质的人来阻止英国的没落。

习俗的专制，在任何地方对于人类进步的影响都是永远的拦路石，因为它总是与志在实现某种超过习惯的事物的倾向相冲突，而这种倾向（依情境而异）被称为自由的精神，或者叫作进步或改进的精神。改革的精神不总等同于自由的精神，因为它要把种种改进强加于一个排斥它的民族；而自由的精神，为了抑制这类企图，就可能和反对改革方面有局部地、暂时地联合；但是改革的唯一可靠与永久的来源就是自由，因为有了自由，有多少个人就能够有多少独立的改进中心。但是进步的原则，无论它所表现的是嗜好自由或爱好改进的形式，都和习俗的支配水火不容，至少也都务必要从那一约束中解脱出来；而这两者之间的竞争，也就形成人类历史的主要关注点。确切地讲，这个世界大部分的历史是空白的，因为习俗的专制在那里十分彻底。整个东方都有这种情况。在那里，习俗是一切事情的最后诉求；公平与正义都是指对习俗的遵从；除去某些陶醉于权力的暴君外，也没有人想要以习俗为论据来抵制。于是我们就看到了其结局。那些民族务必曾经一度有过首创性：他们不是一开始就人口多、有文字，以及精通很多生活的艺术，所有这些都由他们自己打造的，而在当时他们也就成了世界上人口最多最强盛的民族。那他们现在又怎样了呢？居然成为异族的属民或附属。在那些异族的祖先们还在森林里无家可归的时候，他们的祖先就已有了壮观的宫殿和奢华的庙宇，但是习俗对于那些异族却只有部分的掌控权，同时还分享他们的还有自由和进步。如此看来，一个民族可能在某个长时期里是进步的，然后就停滞不前了。它在什么时候停滞的呢？就在它不再泯灭个性的时候。假如欧洲国家遭遇类似的变化，它在形态上也不会一模一样。胁迫这些国家的习俗上的专制，并不是真正地静止状态。它禁止标新立异，却不阻碍变化，只要大家都变化。我们已经废黜我们祖先的固定服饰；尽管每个人仍务必与别人穿得一样，但式样却能够每年变换一次或者两次。所以我们要留心的，是变化的发生只是为了变化，并不是为了任何审美或者便利的理念。因为同一审美或者便利的理念，不会在同一时间深入全世界，也不会在另一时间同时为全世界所摒弃。但是我们既是进步的也是有变化的：我们接二连三的在机械方面有新的发明，并且保留它们，指导更好的取而代之。我们热衷于政治、教育、甚至社会风气的改进，尽管在最后一方面，我们的改进观念主要是要宣称或强迫别人像我们自己一样善良。我们所反对的不是进步；相反地，我们还夸夸其谈是曾经存在的民族中最先进的民族。我们所抨击的是个性。我们总以为假如我们使自己成为千人一面，那样我们就是做了一件惊世骇俗世的事，我们忘却了一个人和另一个人的不同之处，就是引起双方面留意自己品格的缺陷，对方的闪光点，以及结合彼此的长处，产生出一些优于任何一方面的可能。中国对我们来说就是一个值得提起注意的例子——一个才华横溢，并在某些方面，甚至智慧超群的民族。由于屈指可数的幸运它在很早的时期就有了很多十分优良的习惯，而从某种程度上，留下那些习惯的人即使对最有知识的欧洲人而言，也必须（在一定限制条件下）给予圣人与贤哲的尊号。他们还有值得留意的一点，就是以优越的举措，尽可能地把他们所拥有的最好的聪慧深深印入社会每一个人的心灵中，以及确保那些具有最多聪慧的人，将担任显要的职位。可以这样做的人，必是已经发现了人类进步的奥秘，而且也务必会使自己站在这个世界的行动的前列。相反，他们却变得停滞不前并且一直维持这样已有几千年。假如他们还会有进一步的改进，那就务必由外人来推动。在使一个民族完全一样，用同样格言与规则去掌控全体人民的思想和行为这方面，他们的成绩，超过了英国慈善家所奋力以求的一切，而这些就是它所得的成果。现代的舆论的统治体制采用无组织的方式，而中国的教育与政治体制是采取有组织的形式。但它们在本质上都要约束人的思想和行为，这一点大同小异；除非个性可以顺利地反对这种约束。欧洲虽有它荣耀的历史与它所宣奉的基督教，却仍可能重蹈中国的覆辙。

是什么使欧洲迄今为止没有迈入这个命运呢？使得欧洲各国组成的大家庭成为人类进步的一部分，而非停滞不前的一部分，又是什么呢？这不是因为它们有任何优越的特征（即使存在，也是作为结果而不是原因存在的），而是由于它们在性格与教养上有显而易见的变化。所有个人、阶级与民族彼此都极不相像。它们想出五花八门的途径，每一条途径都在指引人做一些有价值的事。尽管在每个时期中，走着不同途径的人都曾彼此格格不入，每个人都以为大家应当走上他所走的道路，可是他们阻挡别人发展的企图极少取得永远的成功，而每个人也能及时克制，接纳别人所提供的好处。依我的推断，欧洲之所以有进步与多方面的发展，完全要得益于这众多的途径。但是它所占有的这种益处，却已开始在相当小的程度上减退。它明显也正朝向那要使人民完全相像的中国理想进发。戴·托克维尔在他最后的一本重要著作中，评论到当代的法国人，甚至已比上一代更为相像。同样的批判或许更适宜用于英国人身上。前述的冯·洪博德在一段文字中指出两件事是人类发展的必要条件（因为有必要使人们彼此相异）的两样东西：那就是自由与状况的多样化。这两个条件的第二个，在这个国家中日益减弱。围绕不同的阶级与个人，以及形成他们性格的各种情境，正日益变得更为类似。在之前，不同的社会地位、不同的街坊、形形色色的行业和职业，都是生活在可以称为不同的世界中；而现在却大多数生活在相同的世界中。

比较而言，他们现在读相同的读物，听相同的话，看相同的东西，去相同的地方，对相同的目标存有希望与畏惧，有相同的权利和自由，而主张权利与自由也用相同的方式。地位的差别尽管依然悬殊，但和已经消失的差别来比，就不值一提了。而这种同化工作还在继续开展中。这个时代的一切政治变化都在促进同化，因为它们都是要使低的得到提升，把高的降低。每一个教育的扩充也在促进同化，因为教育是把人置于共同的影响下，并使他们接近通常的事实与感想。交通工具的变化也在促进同化，由于这种改进使得相距较远的居民易于接触，也使地方和地方间的迁居交往络绎不绝。工商业的增加也在助长促进同化，其方式是更广泛地传播舒适环境的优点，让雄心欲望的一切目标，甚至最高的目标都向普遍竞争开放，从而使得向上流动的欲望就不再只是一个特定阶级的品格，而成了一切阶级的品格。在促成人类普遍同化这方面，还有一个比所有这些都更有力的机制，那就是在这个国家与其他自由国家中，为国内舆论所完全确立的优越性。当使得人们能够挖掘壕沟来保护自身而无视大众观点的各种社会高台渐渐被铲平的时候，当抵制公众意志的理念（当肯定知道公众有其意志时）日益从务实的政治家头脑中消失的时候，也就不再有任何社会力量支持不遵循传统规则的做法——任何实质性的其自身反对数量上有优势的社会力量，关心对那些不同于公众的观点和倾向的保护，已不复存在了。

把所有上述这些原因综合在一起，就对个性形成一股压倒性的影响力，使人不容易看出它如何可以坚持下去还能保住其阵地。除非我们能使大众之中有理性的群体认知个性的价值。看出很多差别纵然不会使事情变好，甚至有些差别在某些人看来反而会使事情变坏，但个性仍有其好处，要坚持个性就举步维艰。假如对个性应该有所主张，现在就是主张的时候，因为要完成强迫的同化，现在还缺少许多的努力。只有在较早的阶段，才能顺利地反抗任何的侵蚀。要强行同化别人对自己的要求，是靠着维护它营养的东西来养大。假如要到生活几乎变为一种统一的形式后采用抵抗，那么和那种形式稍有偏离就会被视为罪恶、龌龊，甚至是畸形的，与罔顾人伦的就一样了。当人类处在见不到相异的状况下很长时间后，他们就会迅速地变得不能理解仍有多样性的存在。

On liberty

第四章　社会对个人权力的限度

那么，什么是个人对自己主权的正当限制呢？社会的权力的源头是哪里呢？人类生活中有哪些应当划归个人，哪些划归社会呢？

假如社会和个人各有其亲密无间的一部分，他们就将各自获得应有的份额。生活中主要对个人发生关系的部分应当属于个人，而生活中主要对社会发生关系的部分就应当属于社会。尽管社会不是创立在一种契约之上，尽管我们为了推动社会义务的来源而去发明一种契约论，然而这也无济于事。而每个取得社会保护的人，都应当报答社会的恩德，同时，既然他生活于社会，也就不得不在他和别人的行为关系上，遵从一定的规则。这种行为首先要不伤害彼此的利益，或者更准确地说，是不损害法律明文规定或者默许的某些能够被视为权利的利益；其次是在捍卫社会或其成员不受伤害困扰所务必耗费的劳动与牺牲等方面，每个人都要肩负应有的一份使命（以某种公平的原则予以规定）。对于努力回避这些条件的人，社会也有不计一切代价，施以强制执行的理由。

可是社会能够做的，还有很多方面。一个人的行为或许对别人有害，或对别人的幸福顾虑甚少，但却没有抵达侵犯他们任何宪法上的权利的程度。那么这个冒犯的人尽管不受法律的处罚，也应正当地通过舆论来惩罚侵害者。一旦个人行为的任何部分影响到他人的利益，社会对它就有了裁判之权，至于是否由于对此的干涉而增进了普遍福祉，则成了公开讨论的话题。然而，假如一个人的行为不影响除自己以外的任何人的利益时，或者当只要他们愿意就不必影响他们时（这里所说的所有有关者指的是成年并具有通常理解力的人），那就没有接纳这 个问题的余地。在这类状况下，人们都应当拥有采取该行动并承担其后果的完全自由，无论是法律上的还是社会上的完全的自由。

假如这种理论是基于一种自私的冷漠的理论，以为他人只要不干涉到他本身的利益，就对别人生活中的行为完全熟视无睹，不关心别人的善事和幸福，那就是对它巨大的误会。我们不但不应当降低别人的关怀，还需要大量付出这种努力，去增强别人的幸福。要培育关怀别人的善心，可以找到其他手段来劝说人们促进这种善，不必求助于实际或隐喻的鞭子或板子（无论是指这些词的本义还是比喻义）。我是一个最不情愿低估个人美德价值的人，这些美德的重要性仅次于（假如还能说是次于）社会美德。培育这两种品德，都是教育该做的事。但是即便是教育也是应当晓之以理、诱导以及少用强迫的方式，而且当受教育时期已过，那就只能依靠劝说来教诲关涉个人的美德了。人类因为有彼此之间的帮助，才能分辨是非，同时也因为有彼此的鼓舞，才能趋善而避恶。他们应当经常相互鼓舞多用高深的智慧，把他们的感情与希望用于明智而非愚蠢的，提升而非堕落的目标。但无论是一个人或者众人，总无正当理由向任何抵达成熟年龄的人说他不应当为了他自己的利益，去做他已经选择预备终身去做的事。他是对自己的幸福最关心的人，除去与他亲密无间的关系的人以外，任何人对于他的事情的关心，和他自己的关心比起来就显得微乎其微。同时，社会对于他个人（除了给予他对他人的行为以外）总是局部的，并且是完全间接的。而就他自己的情感与情境来说，一个最平凡的男人或女人所有的手段，要比任何另外一个人能有的手段强很多。在只关系到他自己的事情上，社会要敢于甚至强行推翻他自身的判断与目标，务必基于普遍的假设，否则那些假定可能大错特错，而即便是对的，也或许被一些不明了事实状况，只从外表观测事情的人，误用于个别的事例。所以，在这部分人类事务中，个性就有它恰当的活动范畴。在人类彼此之间采取的行动中，为了使人知晓其所值得期待的，大体上务必遵守普遍的规则；但在只关系到自己的事情上，每个人有权自由利用他的自发性。别人能够提供意见帮助他去考量，给他鼓舞以加强他的意志力，甚至能够把意见强加于他；但是最后做裁判的还是他自己。他或许因为不听劝告或警戒而犯下各种过错，但是比起让别人拿他们所以为的对他好的事情去约束他，那后者比前者要严重许多。

我的意思并不是，一个人在别人心目中的观感，不应当在任何方面影响他对自己品性和缺陷的评价。这是不可能的，也是不可取的。假如以任何有助于他自己的品性的优点被大家所赞成，他在那方面就是一个被倾慕的对象。他也更趋于人性理想的完美。假如他平时十分匮乏那些长处，随之而来的就是与倾慕相反的情绪。我们尽管没有理由伤害在很大程度上愚昧以及低俗和堕落的趣味（尽管这一提法并非不会遭人反对），这尽管不能成为别人伤害他的正当理由，但却使他必然地、理所当然地成为别人厌恶的对象，甚至在极端的情况下还成为蔑视的对象，一个具有相当强的相反品性的人，就一定会有这种感受。尽管没有对任何人做过错事，他的行为迫使我们批判他，以为他是一个傻瓜或者是恶棍；因为这种判断与感受都是他所期待避免的事情。假如事先警示他，让他知晓自己再不纠正就会招来不可接受的后果，那也算是给他提供了帮助。确实，假如每个人能够从小提供这种善意，不只限于通常的礼貌观念，假如一个人可以真诚地向另一个人指出他相信对方是错了，而不会被以为没有修养或者道貌岸然，那的确是好事。我们在各个方面也具有为了我们自己的利益而给予别人不利的意见并采取行动的权利，同时不至于压抑别人的个性，却能施展我们自己的个性。举例说明，我们不一定要和他成为好朋友；我们有权利避免与他结群（尽管不应当炫耀这种躲避），因为我们有选择社交群的权利。假如我们以为他的言谈举止造成与他交往的人发生有害的影响，那么，我们也有权利（也许还是我们的责任），或许也有义务，告诫别人不要和他交往。我们能够把自愿的帮助优先给予别人，而不先给他，除非那些帮助有利于他纠正他的缺点。在这些方法中，每个人都可能因为只直接关涉到他自己的缺陷而受到别人的严加处罚。但是他会遭遇到那些惩罚是必然的，就像是缺陷本身的必然后果，并不是因为要处罚他，才有意地把它们施加于他的身上。一个表现出粗鲁、偏执和自满——不能安于凡俗的生活，不能束缚自己以免于有害的放纵，以及牺牲感情与智慧的欢乐而去追求兽性的快感的人——这样的人必然要被别人轻视，得不到众人的喜爱。对于这种状况，他也没有怨声载道的权利，除非他以社会关系上的特殊优点已经获得他们的喜爱，因此享有获得他们帮助的资格，不至于因为本身的缺陷而受到影响。

我要阐明的，是和别人不利于己的判断密不可分的那些苦恼。对于只关系到一个人本身的幸福，而不影响与自己相关的他人的利益的那部分行为和性格上遭到他人不可取的判断，那他应当为此承担的唯一后果就是与该判断密切关联的一些不便。然而，假如他的行为伤害到别人，那就务必要有其他的对待方法了。侵犯别人的权利：超越他本身的权利的范围，给别人带来损失或者伤害，也找不出他自己权利上的正当理由；以虚伪或两面手法对待他们；不正当或者卑劣地欺凌他们；甚至自私地拒绝去捍卫他们免于伤害——所有这些都是道德谴责的对象，在严峻的形势下，也是道德报复与处罚的对象。严格来说，不光是这些行为，包含导向这些行为的意向，也应该是不道德的而且恰恰是与人们予以非难、有可能憎恶的对象，残忍的意向；犯罪预谋和恶毒的本性，所有情绪中最反社会和最惹人憎恶者，即妒忌；伪善与不诚实；为了不充足的原因轻而易举地生气，和受了一点刺激就恨得咬牙切齿；热衷对别人作威作福；期待占取额外的便宜的欲望（希腊人叫作“贪婪”）；因别人遭遇屈辱而感到心满意足和骄傲；以为本身的利益比一切都重要，和以对自己有利来决定一切问题的唯我主义——所有这一切都是道德的罪恶，组成了一种卑鄙可憎的道德品质。而且也和之前的性格截然不同，前述的行为并不是不道德，前述的行为无论发展到什么程度，也不至于构成道德之恶。可以把它们归入某种程度的愚蠢或缺乏个人尊严和自重的证据，但是，它们只在涉及他人责任的背弃（个人因他人之故而必定关照自己）时，才成为道德谴责的对象。所谓对于我们自己的责任，并不就是社会的义务，除非环境使那些责任同时成为对他人的责任。对一个人而言，在责任这个短语的含义不专指严谨时，它就代表着尊严与自我发展，任何人都不必为了这些方面向其同胞们负责，因为它们都不是为了人类的益处而必须向同胞们负责的事情。

一个人或许会因为处世态度或者自尊方面的缺陷，而丧失对别人的尊敬，也或许会因为侵犯别人的权利而受到千夫所指，这两者之间并不只是名义上的区别。他是在我们觉得自己有权控制他的事情上，还是在我们觉得自己无权控制他的事情上让我们不悦，这在我们的情感上、在我们对待他的行为上都有极大的差别。如果他让我们不悦，我们可以表示自己的厌恶，我们可以远远避开一个人，同时也远远避开一件让我们不快的事情；但是我们却不会因此而感到召唤要使他活得不快活。我们会反思，他已经或将要为他的过失接受全部惩罚；如果因为他自己处理不当而毁坏了他的生活，那我们不会因此而进一步去破坏它；我们不会希望再惩罚他，而是通过向他明示他如何能避免或弥补其行为给他造成的祸害来竭力减轻他的惩罚。在我们面前，他可能是怜悯的对象，也许是讨厌的对象，但不是愤怒或怨恨的对象，我们不会把他当作社会的一个敌人。如果我们不想通过表明他的利益或利害关系所在来好意地进行干涉，那我们将有正当理由对他做的最坏的事情感到“也就是随他自己的便”。

然而，假如触犯了规则，而这些规则是为了捍卫大家的利益而设立的，不论是个别的侵犯或者是集体的侵犯，那又是另一回事了。那时他的行为所引发的恶果，将不是咎由自取，而是落在别人身上；而社会是所有成员的捍卫者，社会务必处罚他作为报复。为了达到处罚的目的，所以社会务必把痛苦加在他身上，而且这种处罚也必定足够的严酷。在这种局势下，他是我们要制裁的罪犯，我们不仅要审判他，而且要以某种方法去执行我们自己的判决；在另一方面来说，我们就没有责任对他施以任何痛苦，其例外是我们在行使自己享有、也是他所享有的管理自己事务的自由权时偶尔会造成他的痛苦。

有许多人会拒绝承认这里指出的生活中关涉自己的部分与关涉他人的部分之间的区别。（人们也许会问）社会中一个社会成员的行为，他的任何部分，怎么会和其他成员毫无关系呢？没有任何人是完全孤立的；假如一个人对他自己做出很严峻而且是永久性地伤害，这个厄运不涉及别人是不可能的，至少他的亲人会受到连累，而且常常出现城门失火，殃及池鱼的现象。假如他损害他自己的财产，那些直接或间接靠他为生的人，就会受到伤害，而社会的总体资源也会降低。假如他使自己的体能或者智能堕落，不仅那些把幸福寄托在他身上的人会受到伤害，而且他也将失去为同胞尽义务的资格，或许还成为别人在感情上的重担。假如一个人时常做此举，他所犯的罪行真是伤风败俗啊，比其他罪行更严峻。最后，有人会说：尽管他的示范有作用，对社会还是有害的。为了使有些人不至于因为看到或听说他的坏榜样而跟着堕落或误入歧途，也应当强迫他去制约自己。

即便一个人有不正当的行为，他的后果仅局限于那内心险恶，而且冒冒失失的个人，（人们还会进一步问道）难道社会就应当摒弃他们，完全让其自生自灭吗？假如公认未成年的人应当受到呵护，社会对于那些同样没有自控能力的成年人，就不应当给予同样的呵护吗？假如很多法律所禁止的行为，就像赌博、酗酒、淫荡、懒惰或肮脏，同样地危害人类的幸福，在很大程度上阻挡社会的发展，那么，（人们也许要问）法律只要能够符合实际可行和社会便利这两项要求，为什么法律不努力去遏制呢？为什么不该竭力取缔这些恶行呢？作为对法律难免的缺失之补充，舆论难道不应当至少组织起一支强大的警察队伍来反对这些恶行，并对已知犯有这些恶行的人严格地施加社会惩罚吗？（人们会说）这里并不存在束缚个性或妨碍对生活中新颖和首创的实验进行尝试的问题。这里寻求阻止的只是从世界开端到今天为止已经尝试并谴责过的一些事情——经验已经表明这些事情对任何人的个性没有好处，也并不符合人的个性。务必经过漫长的时间，也积攒了很多经验以后，才可以认为一种道德或慎思的真理得到确立；而人们所要求的也只是为了让我们的后世子孙，不要像先人一样，从极为不幸的悬崖上跌落下来。

我完全认同，一个人对他自己的伤害，有可能会严重地影响到与他关系紧密的人，因为这些人可怜他，并且关怀他。并且或许在比较小的程度内，影响到一般社会。一个人由于这种行为，显而易见地违背了他应尽的义务，而这个义务和一个人或许多人都是息息相关的，他的状况就不再属于只关涉自己的那一类事情，而成为应当由道德去指责与改正的事（指这个词的本来意义）。举例说明，假如一个人由于他的放荡与挥霍，以致无法偿还债务，或者因为相同的原因使他无法肩负对一个家庭的道义和使命，既不能支持这个家庭的生活，又不能教诲他们，他就应当遭受指责，也可能应当遭受处罚；但是他应当受到的指责或者处罚却不是因为他的挥霍，而是因为他背离了对家庭或债主所应负的责任。假如他曾经把应该用于家庭或者债权人的资源，使用于最谨小慎微的投资，则其道德上的过错仍然是一样的。乔治·班威尔（George Barnwell）谋杀他的叔父，是为了送钱给他的情妇，然而假如他这样做的初衷是筹集做生意的本钱，他也同样会因为谋杀罪而被处以绞刑。再举一例，一个人由于沾染了陋习而使全家苦不堪言，尽管通常要为他的冷酷无情或忘恩负义而受到指责；可是假如他所沾染的习惯，本身并不坏，然而那些习惯却使与他同在一个屋檐下的人感到痛苦，或者是使那些靠他慰藉的人苦不堪言，他也同样受到指责。无论是谁，大体上而言，假如他对别人的利益和感情不加以尊敬，而且没有受到某种更为迫在眉睫的责任所驱使，或者超出了本身偏爱的范畴，他就应当为了失态而成为被指责的中心，而他之所以受到指责，只是由于他的考虑欠妥这一点，而不是由于导致失虑的原因。同样的，假如一个人由于自己的行为，使他无力履行他对大众应尽的责任，他就对社会犯了过错。没有人应当仅仅为了喝醉酒而遭遇处罚；可是一个士兵，或者警察在值勤的时候喝得酩酊大醉，却应该受到处罚。总而言之，无论对一个人或者是大众，只要造成了明确的损失或明确损害的危险，那么事情就要超出自由的领域，属于道德或者是法律的范畴了。

然而假如一个人的行为既没有违反任何对大众的具体职责，除了自己以外，又没有对任何人造成显而易见的伤害，却对社会发生偶然的，或者可以称之为推论上可能造成的损害时，社会为了人类自由的更大利益，也尽可能承受这种风险。假如成年人因为自己不能恰当地照管自己而遭遇处罚，我倒宁愿处罚的是他们不检点的地方，而不是为了避免损伤他们为社会带来益处的能力，同时社会也没有强求这些利益的权利。然而为了这一点去辩论，就像社会除了等候它较弱的成员做出不合乎情理的事，然后为此施加法律或道德的处罚以外，就没有办法使他们有合乎情理的行为，使他们的行为能合乎普通的标准。社会在人们存在的早期，一直拥有对他们的绝对权力；在整个幼儿与少年时期，社会试验它自己能否使他们在生活中有合理的行为的能力。在培训与整个环境方面，现在的一代也是未来一代的主导者；社会确实很难使他们变得聪慧和友善，因为社会它自己本身就很缺少聪明和友善；它的最大的努力在个人事态上也不是最成功的；然而它却轻易使下一代在整体方面像它一样好，或者比它更好一点。假如社会听任很多的成员在成长以后，还像孩子一般，不能对未来的事先做合理的猜想，那么社会本身就要为这种后果受到责备。社会不但掌控了全部的教育势力，而且拥有优越性，常常以一种公认的权威的优势意见，掌握了那些受教育者的意志，而这些受教育者，是被认为最不适宜做自我判断的人。当一个人引发了朋友的讨厌或者蔑视时，也时常给他带来种种自然的处罚；让社会别再妄称在所有这些之外，还需要在只关涉个人的事情上有发号施令并强迫人们服从的权力。在这些事情上，在公正的原则与政策上，都应当由忍耐后果的人自行处理，社会权力不宜介入。用一些好的方式，能够去影响人的好行为，但是没有比笨拙的方法更足以阻扰这些好方法的推行了。如果在被迫变得审慎或有节制的人们当中，存在形成其强健有力和独立精神品格的任何材料，那他们肯定就会反抗这种束缚。这些人绝不会认为，在只关乎他自己的事情上，别人有权利来约束他，正像他们有权利阻止他在关涉他们自己的事情上损害他们一样；用来表示反抗的精神，这种精神轻而易举地被认为是勇气的表现，在这种篡得的权威面前动摇，以炫耀的夸示做出与它的命令正好相反的事情，如同查理二世时代，接二连三的清教徒，对社会道德体现出极度的不宽容之后出现的粗俗风尚那样。至于所谓有必要保护社会免受那些邪恶或放纵的人给他人树立的坏榜样，这一点，我认为坏的榜样的确会产生毒害作用，特别是当一个人危害了别人，却没有遭受恰当的处罚时，为害更甚。然而我们现在所探讨的，却是对别人毫无损害，反而是对自己有巨大损害的行为。我看不出相信此事的人，除了认为这个例子整个来说定是利大于害以外，怎么还会有其他的想法呢？因为假如他所体现的是错误的行为，它也同样会获得痛苦或败坏名声的后果，假如那种行为受到千夫所指，我们就必定假设，在所有或者多数的情况下，都会跟着产生相同的后果。

公众干涉纯粹私人行为的一切论据，是我所反驳的。我反驳的最大的理由，就是在它干涉的时候，通常干涉不当，而且是在不当的场合去干预私人的事务。在关于社会道德与对别人的义务这方面，公众的意见，也就是具有支配权的大部分人的意见，尽管常常漏洞百出，但是对的时候或许比较多，因为在这种问题上，他们所要判别的，只是他们自身的利益，同时假如对于某种行为方式不加以制止，就会影响到他们自身。可是在只关乎自身利益的行为方面，同样多数的意见，假如被视为是法律强加于少数人，或许是不对的，也或许是正确的，因为对于这类事情，所谓的公众意见，充其量也只不过是某些人以为某些事情对别人有益，或者对别人有害，就是这种意见而已。在许多情况下，大众的意见甚至连这一点价值也达不到——大众对于那些受到责罚的人抱着熟视无睹的态度，根本顾虑不到那些人的快乐或便利，只考虑到他们自己的喜好。很多人都以为他们讨厌的举止对自己有害，并且认为那些行为会侮辱自己的感情，因此恨得咬牙切齿。人们常看到，一个崇尚宗教的人，在被别人谴责他忽略了别人的宗教情感时，他常常会针锋相对，说他们坚持可憎恶的信仰或者教条，与他忽略的宗教情感一样。但是，当一个人坚持己见，以及因为这种行为而使别人感到如坐针毡，这两种状况并不相同，如同一个想要偷一个钱包的小偷，与一个想要保有自己钱包的人，他们的愿望是截然不同的。一个人的兴趣，之所以成为他关怀备至的事，也和他想合法拥有的意见或者钱包如出一辙。任何一个人都能够很容易地去想象一个理想的社会，在一切未定的事情上，都可以不去打扰个人的自由与选择，只要他们可以绝对禁止某些行为方式，而这些行为方式经过了长期的检验，证实是应当受到指责的。但是，何处曾见过公众在其检查制度中划出了这样的一条界线？公众在何时费神操心过普遍经验呢？实际上，公众在干涉私人行为时很少想到任何事情，而只是想到不像他那样行动会感到如何罪孽深重；而这种评判的标准，在肤浅的伪装之下，就被大部分的道德家与纯理论家当作是宗教和哲学的指令，展示于人类的面前。他们是这样教育人们的：事情之所以是正当的，是因为他们本来就是对的；因为我们感到它们是这样的。他们要求我们从自己的头脑和心灵中，找出约束自己与约束其他人的行为准则。可悲的大众，除了去加以实施这些教条，并且在大家勉强能够认可的情形之下，使自己对善恶的感情（假如他们在这些方面是相当一致的话）当作对全世界应尽的义务以外，他们还能做些什么呢？

我在这里所指出的祸害，并不只是在理论上存在，而且在现实中也确实存在，我将要举例说明这个时期国家的人民，为道德带上了他们自己所喜欢的特征，可是这种行为是很不正当的。我并不是在写一篇文章，来阐明现存的道德情感反常的相关文章；那也是一个不能用概括与举例的方式来阐明的重大问题。可是为了表明我所提议的原则有其庄重与实际的重要性，而我不是在努力设置一个针对假想灾祸的障碍，还是有必要举些实例。不难以丰富的例子来显示，把所谓道德警察的界限一直扩展到对个人毫无疑问的合法自由的侵犯为止，这是人类最普遍的倾向之一。

我谈一件离我们比较近的地方所发生的事：大部分的西班牙人，对于信奉天主，假如不完全遵循天主教所规定的方式去崇拜，都被视为最大的不恭，对他造成极大的冒犯；在西班牙的领土上，也没有其他公共的信仰是合法的。所有南欧的人民，不仅把已经成家的牧师视为背离教规，而且也认为这是淫荡、十恶不赦的事。要把这些发自肺腑的情感用在反对那些非天主教者的身上，对于这个企图，新教徒将做什么感想呢？

但是，假如人类有理由在与别人毫无关系的事情上，不去彼此干预相互的自由，又有什么原则能够把上述的状况排除在外呢？假如把上述的状况排除在外，难道不会感到自相矛盾吗？，或者说谁又可以去指责那些人，因为那些人之所以会去压迫别人，是因为他们以为在上帝与人类眼光中，那些事情都是一些十恶不赦的事情。为了去压迫那些人不敬神的习惯，所以才会去禁止那些人不道德的行为，还有比这个更好的理由吗？然而除非我们愿意去采取那些迫害者的逻辑，并且说我们有权力迫害别人，因为我们是正确的，别人不能够压迫我们，因为他们是错的。假如我们接纳了这个立场，我们就务必注意，当别人用相同的立场来压迫我们的时候，我们一定对这个极端不公平的原则怨声载道。

尽管没有理由反对，有些人依旧会驳斥以上所举的例子（虽然是强词夺理），以为它们只是偶尔发生的事件，肯定不可能偶然发生在我们的身上——在我们这个国家中，不会去干预人们遵循他们自己的信仰或者倾向去礼拜，或者去成家，或者维持单身不婚。然而下一个案例，却是对自由的干预，我们绝对不能说，我们已经摆脱了危机。但凡在清教徒拥有足够的势力的地方，比如在共和政治时代的新英格兰和大不列颠，他们严禁所有公共的娱乐，和几乎所有的私人娱乐，而且他们的努力取得了很大的成功。尤其是包含了下列的项目：音乐、舞蹈、公共竞技和以娱乐为目的的其他聚会及演出。我国依旧有许多人，在他们的道德与宗教观念中，认为这些娱乐应当被铲除，那些人多半属于中间阶级。在我们的王国里，在目前的社会与政治状况下，他们正是一个占优势的势力，所以，在未来的时间里，持有这种意见的人，也未尝不可能成为掌握议会的多数派。社会上其余部分怎么会愿意让自己快要到手的娱乐再受到一批更残酷的加尔文主义者和循道宗教徒的宗教和道德情感地限制呢？他们难道不会以相当坚定的决断让这些冒昧的与真诚的社会成员关照一下他们自己的事务吗？这恰恰是应该向任何这样的政府和公众说的话，他们妄称任何人都不得享受他们认为是错误的任何一种快乐。然而假如这种借口被当作原则的话，那就再也没有人能够驳斥它了。因为这是根据多数人，或者说是国内主导者的意向，所采用的行动；假如有一种与他们类似的宗教表白，它可以成功的恢复它已经失去的阵地，就像那些假定已经衰退的宗教所常能做到的一样，大家务必遵循一种基督教国家共和政治的观念。

想象另一件偶然发生的事件，或许会比上述的例子更可能变成现实。现代世界明显有一种走向民主社会组织的倾向，并不一定要有民间的大众政治机构随它出现。有人断言，体现出此一趋势最具体的——其社会与政府都是最为民主的，也就是美国——大部分人在看到一种比较夸耀或奢靡的生活方式，都对它感到深恶痛绝。尽管诸如此类的陈述作为现存事实的表述无疑很夸张，但是，它们所描述的事态不仅是可以想象到的和可能的结果，而且是民主情绪与下述观念相结合的可能结果，即公众有权否定个人花费其收入的方式。我们还得假设社会主义者的言论已有相当广泛的传播，假如一个人不是拥有很少的财产，而是腰缠万贯，或者他不用付出劳力就能够取得收入，那么在多数人的眼光中，这就很可能成为一件沽名钓誉的事。在原则上，和上述类似的言论，在劳工阶级中已经流传开来，而且也沉重地烦恼着劳工阶级的人。因为有人主张，身为劳工阶级的成员就应当信服劳工阶级者的立场与言论。我们知晓在工业部门中，大部分笨拙的工人形成了一种意见，认为技术笨拙的工人和技术娴熟的工人应得到同样的工资。并且也认为不应当许可任何人，凭着他卓越的技艺或者辛勤，取得比别人更多的酬劳，无论是采用按件计酬或其他的计酬方式。他们还使用道德警察（偶尔也成为实际有形的警察），去阻止技术娴熟的工人施展他的能力以取得更多的酬劳，有时候则去阻拦雇主发放更多的酬劳给予那些技术娴熟的工人。假如公众对私人的事务，有任何的管辖权，我实在看不出这些人犯了什么过错。在一般大众对人们普遍使用这种权势的形式下，我也看不出任何个人专属的大众。然而除了这些假定的事例以外，就在我们这个时代，也实际发生了很多严峻的剥夺私人生活自由的事，而且还有更严峻的事正以某种成功的预期虎视眈眈地威胁着我们，而舆论所体现的，也主张大众应该有不受限制的权力，不但用法律禁止它以为错误的每一件事，而且为了不漏掉那些它以为过错的事，也要一律禁止它承认是多么无辜的事情。

在阻止纵饮烈酒的名义下，一个英国殖民地，和几乎半个合众国的人民，除了医疗的目的以外，都被法律严禁喝任何含有酒精的饮料，因为正如希望的那样，禁止贩卖，事实上与它的用意一样，就是严禁饮用。尽管执行这个法律举步维艰，已经使得原先采取这个法律的几个州不得不再次废除。现在我国已经开始了一项努力，并且由很多所谓的慈善家在热情地推动，计划在这个国家建立相同的法律。为了这个目的而建立的协会，或它所自称的“联盟”，已经因为一些信件的发表而招致了一些恶名，这是该联盟书记与那为数极少的主张政治家的观点应当建立在原则之上的英国公众人物之间的通信。

司坦利爵士参与这种通讯，是因为某些人处心积虑地，把渐渐增强的希望寄托在他的身上。这些人知晓司坦利爵士在某些稠人广众的场合曾经体现出稀缺的长处，是很多政坛显要所趋之若鹜的。该联盟的这位代言人认为：对于承认委屈、固执和压迫为正当的任何原则，都将深表悲叹，他决然的指出这些原则与协会的原则之间无法超越的障碍物。他说：“在我看来，所有相关思想、意见、良知的问题，都不在法律范畴之内；所有相关的社会行为、习惯、关系的事，其是否属于法律范畴，却只有国家，而非个人，才能够拥有裁判权，并且凭此裁判权去做决定。”他没有提及与这两类都不相同的第三类，那就是和社会无关，而只关系到个人的行为与习惯，虽然毋庸置疑的，饮用含有酒精的液体的行为也是居于第三类的。然而贩卖含有酒精的液体是经营商业，经营商业却是社会行为。但是这里所说的侵害权利，却不是指侵犯贩卖者的自由，而是购买者与消费者的自由；因为国家有意地使他无处买酒，还不如直接严禁他喝酒。然而那位书记却说：“只要我的社会权利受到别人的社会行为侵犯，我以一个公民的身份，就有权利要求行使立法权力。”现在就瞧瞧这些社会权利的价值。假如有什么是侵犯到我的社会权利，那么饮料的买卖，就理所当然是其中一件，它侵犯了我最根本的安全保障权利，因为它时常制造和助长社会的动荡。它侵犯了我平等的权利，因为它以制造贫穷而赚取利润，却要我缴税去加以支援，它也阻碍了我在道德和智力方面自由发展的权利。由于在我的道路上危机四伏，使得社会衰败和堕落，而这个社会是我有权利要求它相互帮助与交际的社会。类似这种社会权利的理论（此前也许从未找到如此与它相似的、用清楚的语言表述的理论），它的内容不过是说：每个人的绝对社会权利，是要别人在每方面都照他所该做的去行动；假如谁在最大的细节方面没有言听计从，那就是侵犯我的社会权利，我有权要求立法机关铲除那种冤屈。这样荒诞无稽的原则，要比对自由的干涉还要危险；它对任何侵犯自由的事，都会认为是理所当然的。它根本不承认有任何一点自由的权利，或许除了私底下抱有意见。因为只要我以为有害的意见，由任何一个人的嘴里说出来的时候，它就侵犯了我的社会权利。这个学说关心全人类的道德、智力甚至还有身体的完善，而这种完善是由每个主张者按照自己的标准来界定的。

此外一个非法干预个人正当自由的事例，不仅是侵犯个人自由，而且是很久之前就已经获得了能够夸夸其谈的成果了。那就是有关严守安息日的规定。毋庸置疑的，只要不耽误生活中紧要的事情，在一个星期之中，可以有一天挣脱日常的工作，专心地读圣经与祷告，是一件十分有益的习惯。尽管在宗教上，除了犹太人以外，其他的人并没有遵循的义务。而且，假如这个习俗在劳动阶级中没有被普遍地认可，就不会那样有效地遵循这种习惯，假如某些人在工作上的需求，务必将这种要求强加于别人的状况下，由法律向每个人保障别人遵循这种习惯，在特定的一天停止工业的大多数作业，也是切实可行的，并且是正当的。可是这种理由是基于别人对于每个人遵循这种习惯，有直接的利害关系，所以不适用于自行选择的职业，至于用法律来限制娱乐，那更是在最低程度上也讲不通的。的确，某些人一天的娱乐就是另外一些人一天的工作；但是，许多人的快乐（更不用说有益的休养生息）却依旧值得少数人努力的劳动，只要这种职业是出于自由的选择，并且可以自由的辞退。

工人们以为假如大家都在星期日工作，七天的工作会只给六天的薪酬，他们的想法是完全对的；然而只要各项职业大批停工，那些为了别人的欢乐依然需要工作的少数人就会在收入上按比例增加；而假如他们乐意休息，不要赚钱，他们也不是非做那些职业不可。假如另外找一种弥补的办法，或许可以为那些特殊阶级的人，把一周的另外一天，确定为假日的习俗。因此，可以为限制星期日不准娱乐，找到唯一的理由来辩解，就是那些娱乐在宗教上是错的——对这样一种立法动机无论如何抗议都不会显得过于认真。关爱神反倒成了对神的冒犯。可是有待证实的是，社会或者它的任何官员是否有权力，依赖着上天的委托，去对别人施以报复。

一个人有义务要求别人要有宗教信仰，这个观念是一切永无止境的宗教迫害的基础，假如我们加以认可，就会使那些迫害成为正当的行为。譬如，有人再三地妄图阻止星期日的火车行驶，一再地反对博物馆在星期天开放，还有其他很多相似的事情，他们所体现出来的情感、监管不像过去那些宗教迫害者那样残忍，但是它所表现出来的心理状态，在根本上是大同小异的。那就是决心不让别人去做他们的宗教所许可的事，因为这是施害者所信仰的宗教允许的事情。这种信仰深信，上帝不但对那些不信教者的行为深恶痛绝，而且会因为我们不去处罚他们，上帝就会认为我们也有罪。我忍不住还要举一个案例，那就是人类的自由时常被嗤之以鼻的例子。譬如，每当我国的报纸感到不得不去留意摩门教的时候，对于摩门教标新立异的现象，就会全然的以迫害的言辞相加。对于这个意外和有益的事实，可说的东西很多，譬如一种传说的新启迪，依据这个新启示而创立一种新的宗教（显而易见的冒牌货，甚至其创立者也不能信服）。现代的社会是一个有报纸、铁路与电报为基础的时代，它竟然被塑造成了一个社会的基础。

我们在这里所关心的是这种宗教，与其他的宗教或更好的宗教一样，他们也有他们的殉教者。它的先知和先驱者，之前为了他们的宗教教义被一群暴民处死；此外还有其他的信徒因为遭受超乎寻常的暴行而撒手人寰。他们成群结队的被迫背井离乡，现在他们已经被驱逐，逃到沙漠中的一个人迹罕至地区。可是我们国内的许多人公开主张应当（不过只是不方便）派遣远征军去征讨他们，用武力逼迫他们遵循别人的意见。摩门教的教义中，有一条最引发反感，它打破了一般宗教容忍的限度，那就是它许可一夫多妻制。尽管回印度教徒与中国人也被许可有这种制度，但是由讲英语并且自以为是基督教徒的人做起来，好像就引发了无法泯灭的仇恨，没有人会比我更反对这种摩门教的制度了，不仅是因为这个原因，也因为它加深了半个社会的约束，使另外一半对这一半所应当有的互惠的义务中挣脱，既丝毫不受自由原则的支持，而且也直接违背那个原则。但是依旧务必记得一点，就是这种关系正如婚姻制度中的其他任何一种形式一样，假如其中被以为可能是受害者的有关妇女，她们是完全心甘情愿的，则不管这一种事实看起来是如何得匪夷所思，从这个世界的一般观念与习惯中，却能够找出解释的理由来。它们教育妇女认为婚姻是必要的一件事，假如一个妇女做不到一个妻子所应当做的事，去扮演几个妻子中的一个，仍不失为理智的方式。其他的国家并没有被要求承认这样的结合，也许正是因为摩门教的意见，使得一部分人民，能够不必履行其国家法律规定的义务。可是假如持有异议的人，对敌对者的想法退步，远远超过了合理的要求的范畴，假如他们已经离开了那个排斥他们教义的地区，并且在一个人迹罕至的，在地球的遥远的一个角落定居，只要他们不侵害其他的国家，并且允许那些不满意他们生活方式的人，随时都能够离开那里，具有完全的自由。那么，我们实在很难看出，除了用专制的方式，还能依据什么原则，去阻碍他们，使他们不能依他们的法律，去做他们爱做的事，之后快乐地生活在那里。最近有一位作家，在某些方面也有很多优点，提议（用他自己说的话）不用十字军，而用一支“文明军”对付这种多妻制人群，以抑制他所认为的文明的倒退。我也有这种观点，但是我却看不出任何社会有权力去强迫另一个社会变得文明。只要那些恶法的受害者，不要求其他社会的支援，我就不以为与他们毫无关系的人，应当出面干预，硬要将所有息息相关的人，把他们看起来都心满意足的状态，强制结束，只因为它对千里之遥，毫无关系的人，是一种屈辱。假如他们情愿，他们能够派传教士去做宣传，去反对它。他们也能够用任何公平的方式（不许宣教者开口却不是公平的方式），去对抗任何相同的教义，以防止那些类似的理论在他们自己的人民之间顺利的推行。假如有一个世界曾经被蛮横占据，而文明已经战胜了蛮横，我们实在没有必要畏惧已经失败了的野蛮会再度光复，征服文明。一种文明，当它已经征服了敌人，还会如此轻而易举地被这个敌人所打败，这个文明本身必定已经变得摇摇欲坠，以至于它所指定的牧师与宣教者，或其他任何人都没有能力，或不愿意耗费精神和体力去呵护它。假如是这种状况，这样的一种文明，愈早接到退出的通知愈好。它只能越走越坏，直接由神采奕奕的野蛮人使它覆灭与重生（就像西方帝国的状况一样）。

On liberty

第五章　自由原则的应用

我期待用系统的方式，将以上所述的各项原则，运用在政府的各个部门以及各种社会风俗中，并且有效率之前，我务必先更普遍地以它们为探讨细枝末节的基础。我在细枝末节问题上所提的几点提议，用意也是在阐明这些原则，而不是注重它们的后果。我所提供的，并没有许多应用的方式，只能够作为应用方式的样本；它们可能使本文全部理论的两种格言的意义与范畴更为明晰，并且在遇到可疑的事件时，能够帮助判别，借以维持两者之间的平衡。

这些格言是：首先，个人不应当为了他自己的行为，向社会负责，只要那些行为不干预到别人，而只是干预到他自己的利益。假如别人为了他们自身的利益，以为有必要，那他们不妨劝说他，要求他回避，那也是社会对于他的行为表达不高兴与指责的正当的方法和仅有的方法。其次，对于侵犯别人利益的行为，个人应当向社会负责，也能够接受社会或法律的处罚，假如社会认为那种处罚是为了捍卫社会所必须做的事。

首先，我们绝不可假定社会在一个人对别人的利益有所侵犯时，或将有造成他人损害的可能时，能够正当的加以干涉，这种事情将会使社会时常有干预的理由。在许多状况下，一个人在追寻一种合法性的目标时，要使别人遭受痛楚或损害，或妨害了别人原有的，能够合理获取的利益。这种属于个人之间的利益冲突，通常都是由不良制度引发的，而那些制度存在时也避之不及。然而有些利益的对立，就是在任何制度下，也避之不及。无论是谁，当他想要在人头攒动的职业中找到工作，或者是想要在竞争激烈的考试中脱颖而出；无论是谁，只要是双方都希望获得的事情，在竞争中，有一方战胜别人而得到它，那个人就是从别人的损失中取得利益，也是从别人白费的努力中，与别人的大失所望中获得利益。但是一般都认为，为了人类普遍的利益，人们依旧应当追寻他们的目标，不能因为有这种后果就停滞不前。换言之，社会对于失望的竞争者，并不承认他们有免除这类痛苦的权利，无论是法律的还是道德的权利，并且也只有在某人取得成功时，他的手腕与一般利益不能兼容时(即采用诈欺或者背信、使用暴力的手段)，社会才会有干预的权力。

再说，贸易也是一种社会行为。无论是谁，当他要把货物出售给大众的时候，他在行为上就影响了别人与一般社会的利益；所以他的行为在原则上比较需要受社会的管理，所以曾经有人认为政府的责任是在一切可视为重大的状况下，规定物价与管理生产的过程。但是现在终于被认清，尽管是经过长时间的奋斗以后才被认清，使得货物物美价廉最有效的方法，就是让生产者与销售者有同等自由。这就是所谓“自由贸易”的学说。它所依据的立场和本文主张的个人自由的原则是建立在不同的却同等坚实的根据之上的。对于贸易，或者为了贸易目的所做的生产加以限制，的确都是约束；正因为它是约束，就必定是祸害；然而在这里所说的约束，却只是影响到社会有资格去约束的那部分行为。它们之所以错误，也只是因为它们并没有真的产生它们所期待的结果。个人自由的原则并不包含在自由贸易的学说中，因为这个学说的范畴而犯法的有很多。例如，为了防止有人掺假去开展诈骗，能够给予何种限度的公众制约；以及为了捍卫从事危险作业的受雇员工，应当在什么范畴内责令雇主有保险的预防与举措，也和个人自由的原则无关。这样一些问题如果说涉及对自由的考量，那也在其他相同条件的情况下听凭人们自己去做，比控制他们要好；但是，为了这些目的而可以合法地控制他们，这在原则上也是无法否认的。在另一方面，有一些有关于贸易的问题，实质上主要是自由的问题，譬如上面已经提及的缅因州《禁酒令》、严禁输入鸦片到中国，限制贩卖毒品。简而言之，所有这些案例，它所干预的目的，都在使人不可能或很难取得某种特别的物品。这类干预之所以可以反对，并不是因为它们侵害了生产者或销售者的自由，而是侵害了购买者的自由。其中关于上述限制贩卖毒品，又引发了一个新问题，可以称为政府职权的适当限度的问题；为了预防犯罪或者意外灾害，自由能够被合法侵犯到什么程度。在犯罪以前采用预防举措，以及在犯罪之后加以侦破处罚，都是政府不容争辩的职权之一。可是政府预防的职权、处罚他的职权，更易于滥用和侵犯自由。因为在一个人行动的合法自由中，几乎没有一部分被认为（而且也正当地表述为）增加了一些促成这种或那种形式过错的便利条件。然而假如公共当局，或甚至一个私人，看到任何一个人明显在准备犯罪时，他们并不是非要对他犯罪熟视无睹，而是能够去干预阻止的。假如毒品的购买或者使用，除了杀人以外没有其他的目的，严禁它们制造与贩卖就是对的。

但是它们也能够用于无害的，甚至是有益的目的，而对于前一种状况所加的限制，也就不可能不影响到其他的状况。再说，公共当局应有的使命之一，是预防意外事故的发生。假如一位官员，或任何人看到有人正要经过一座被认为有安全隐患的桥梁，而且来不及加以警示阻止，他们就能够一把抓着他，将他拖回来，这种状况并没有侵害他的任何自由，因为自由是指一个人期望做的事，而他并不期望跌到河里去。然而当一件事情并没有确定的祸患，只有发生灾祸的可能性，这个时候，除了当事人自己以外，就没有人能够判断他的动机是否足以促使他冒险试一下；所以对于这种状况（除非他是一个孩子，或者精神恍惚，或者处于某种亢奋或者专注的状态，使他不能充分利用他的思维能力）我也认为别人只能以那种危险警告他，不应当强迫制止他去冒险。这类思考，应当用于贩卖毒品这个问题上，就能够使我们确定在各种可能的管制方式中，有哪些将违反或者符合自由的原则。举例说明，在药品的外面，贴上文字的标识，表明他的危险性，就是一种可行而不侵犯自由的预防举措。买的人心知肚明，他所买的是一种有毒的东西。然而当一切的情形都需要出示医生的证明时，有时候会为了合法的用途，却买不到那个毒品，就是买到了，也要耗费巨大的代价。在我看来，既在使用毒药从事犯罪的路径上设置重重困难，又不致侵犯，甚至还顾及他人需要毒物以供正当用途的自由，显而易见的唯一方式是提供恰当字句证明所称的预设的证据。

每一个签过契约的人对这种规定耳熟能详。在订立合约时，法律时常要规定某些应当留意的事项，譬如签章和证人的证明等等，作为有效实施合约的条件，以便万一事后产生争议时，可以证实那个合约的确曾经订立，在法律上并没有使他无效的理由，而其效果也在对虚构的合约，假如加以揭露就会使其失效的合约加上巨大的阻碍。类似性质的预防举措，也能够用于买卖犯罪工具的物品方面实施。譬如规定贩卖者在账册中要记上交易的确切时间，购买者的姓名与地址，售出的物品与数量，而且要咨询购买者的使用目的，然后将所获得的答案一五一十地记录下来。在没有医师的处方出示时，能够要求第三者到场，向购买者证实他曾经购买的事实，假如之后该物品被用于犯罪的目的，便有理由相信，贩卖者能够不负法律的责任。这一类的规定，通常来说，将不至于为购买毒品者造成实质的障碍但对于不正当使用它而又逃避侦查的情况，则会成为相当大的阻碍。

社会既然已经采用了事先的防范，以阻碍犯罪，这个社会固有的内在权利，就暗示了纯粹自利的错误行为，不应当受到阻碍或触犯干预的那个原则。例如在通常的状况之下，喝醉酒并不是一个法律适合去干预的课题，但是我认为下述做法是完全合法的，当一个人曾经在酒力的影响下对别人有过暴力的举止，而且有被判罪的前科，那么就应该把他放在一个专门为了对付他而制定的特殊法律之下，去约束他；假如后来发现他喝醉酒，就要使他受到某种惩罚，以及假如他喝醉酒之后，再犯有其他的罪行，就要加重处罚，这是一种完全合法的处理。一个喝醉酒以后会伤害别人的人，让他自己喝得烂醉如泥，那就是对别人的一种罪行。还有懒惰也一样，除了依赖社会来延续生活，或者除了构成违约的行为外，要使它成为法律处罚的课题就难免有专制的嫌疑；然而假如一个人由于懒惰或任何其他能够避免的原因，没有尽到他对别人的法律义务，譬如养育他的孩子，假如找不到其他的办法，为了要强迫他履行该义务，用强迫劳动来对付他，也不算专横暴虐。

还有很多行为，尽管只对行为人本身造成伤害，不应当受到法律的禁止，然而假如他公开去做，就背离了良好的风气，所以就要被列入侵犯他人的范围之内，从而可正当地予以禁止。有伤体面的行动都属此类。对此没有必要再加述，它们并不直接相关于我们的题目，因为有许多本身无可谴责，也无人觉得可以谴责的行动，也同样强烈地违背公开性。还有一个问题，务必依据之前所说的原则寻找它的答案。假如个人的行为应当给予指责，但由于直接结出的恶果完全落在行为者自己身上，然而为了尊敬自由，却不让社会去指责他，或处罚他；既然本人可以自由地去做，那么他人是否也同样可以自由地劝告或鼓动呢？这个问题倒是很难回答的。假如一个人怂恿另一个人采取行动，严格地说，那就不属于只关涉自身行为的范畴。给人规劝或者诱导，是一种社会行为，因此就像一般影响别人的行为一样，能够假设它应当受社会的控制。然而假如稍稍自省，就可纠正第一印象，这种事情，尽管和个人自由的定义格格不入，但是仍可表明，个人自由原则所依据的理由可以适用于它。假如在只关系到本身的事情上，人们可以被许可自愿地去冒险，那么根据他们所以为的最有利的方向去行动，他们就能够同样自由的彼此商议；如何恰当地着手去做，交换意见，以及给予各种提议，或者接受各种的建议。但凡许可他们做的事，就应当全部都允许劝说去做。这个问题唯一有疑义之处，只是在怂恿者要从他们的劝解中，取得个人的利益；为了生活或者金钱的取得，以助长罪恶为一种职业的时候，这种祸害之事是社会与国家所公认的不好的行为。说到此有了这种状况以后，那就确实掺杂了一个新的复杂的因素，就是社会上存在这样一些阶层的人，他们的利益与大众的利益背道而驰，而他们的生活方式，也是在妨害大众福利的基础之上。这种情形是应当干预呢，还是不应当干预？举例说明，通奸应当被包容，赌博也应当被包容；然而一个人是否能够自由地去做色情媒介或开设赌场呢？这种事情恰好是站在两项原则之间的分界线上的情况，不能马上认清是属于哪一条原则，这是属很多相似的事件中的一例，而且双方也都有辩解的论据，在主张包容的这一方面，有人能够说以任何事为职业。并且由经营这件事情去谋生或者谋利，就不能认为它是有罪的，假如对其他职业加以许可，那么做色情媒介或开设赌场也应当被许。一种行为假如不是完全被许可，就应当完全被禁止；假如我们以上所辩护的原则是正确的，那么，社会（正因其为社会）就无需去判定任何一件只关涉个人的事情是错误的；它最多只能加以劝解，一个人应当有权利去说服别人，正如别人有权利劝解他是一样的。与此相反的是，有人也能够主张，尽管公众或者国家没有理由以压制或者惩罚的目的而权威地判定某种只影响到个人利益的事情是好的，或者是坏的，但是假如他们以为它是坏的，他们就有充分的理由去假定它的好坏，至少是一个能够争辩的问题。这一点一旦设定，公众或国家如果竭力排除那些绝不可能是公正无私的鼓动者并非无所图谋的诱惑的影响，那也不能说是做得不对，这些鼓动者在一方拥有其个人的直接利益，而那正是国家认为错误的一方，而且这些鼓动者公然只为了个人的目的而力促这一方。也许他们会力劝，如此安排事情，使得人们都在他们的唆使之下明智地或愚蠢地做出其选择，尽可能摆脱那些以自己的利益为目的而激发他们意向的人的计谋，这肯定不会有什么损失，不会牺牲掉任何一点益处。因此（他们也许会说），尽管关于非法娱乐的法令是全然难以为它辩护的——尽管所有人都应当有在自己家里或彼此的家中赌博的自由，或他们自己捐资设立，只对会员及其访客开放的任何聚会地点里赌博——但还是不应该允许公共的赌场。无论警察被赋予多少专横的权力，赌场总会有他继续存在的理由，然而他们可能被迫在经营的时候，带上某种程度的秘密与深不可测，使得除了有心要找赌的人之外，没有人可以知悉他们的情形；而社会所能做到的，充其量也是到此为止。这类的议论是非常有力量的，我不敢妄下结论，它们是否有充足的理由来支持一种道德上的变态，就是只罚从犯，却让（而且务必让）主犯逃之夭夭；以罚款或者监禁处分妓女院的老板，而不惩罚嫖客，处罚赌场经营者，也不处罚赌徒。以类似的理由干预普通的买卖行为，就更不应当了。几乎每一个买卖的货品，都或许会使用过量，而销售的人也期盼使用得过量，以取得更多的利益；但是，没有人能够以此为根据来为（比方说）缅因州的《禁酒令》作辩护；因为那类销售烈性饮料的商贩尽管以其过度滥用为营利之法，但是在这些饮料的合法使用方面，他们毕竟还是必不可少的。可是，这些商贩热衷于鼓动纵饮烈酒，倒是一件真正的祸害，这就使得国家有正当理由去设置限制并要求作出保证，这种做法如果不是出于正当理由，就会成为对合法自由的侵犯。

还有一个更进一步的问题是，国家既然许可以后，是否依旧能够在它认为违反了当事者最佳利益的行为时，间接地加以阻碍，防止其实现。例如，它是否可以采用步骤，使得买酒更加困难，或者限制售卖的地点，以增加买酒的困难。对于这个问题，如同其他的大部分问题一样，需要加以区分。假如特意为了使刺激性的物品不易获得，因此对这些货品征税，这种举措和完全禁止它们，只不过是程度上的差异而已，并且也只有在有理由加以禁止的时候，才能这么做。对于那些无力购买提高价格的人来说，每一个费用的增加，都是一种禁止；对于有支付能力的人来说，那些提升的价格，也是对他们的一种处罚，是他们为了满足一种特别的爱好而被政府施加在他们的身上。他们对娱乐的选择，以及他们用什么方法去支配他们的收入，当他们已经尽到对国家与个人的法律与道德义务以后，都是他们自己的事，应当依据他们自己的判断。这些说法看起来，似乎在指责这种税收行为，因为政府为了国库收入，而尤其选择某些刺激品，作为它征税的特殊对象。然而我们务必记得，为了开销的目的而征税是绝对不可避免的；而在大部分的国家，大多数的税收也务必是间接税；因此国家就不能不在某些消费品的使用方面罚款，而这可能对某些人就是禁止使用。正因为如此，国家就有责任在规定课税的时候顾虑到，哪一种物品是消费者最可以省略掉不用的；还要更加优先选定那些使用稍微超过限定的数量就肯定会造成伤害的货品。如此看来，对酒类饮料征税足以构成国库收入中的最大数目（假定国家需要它所征得的全部收入），这不仅是可以允许的，而且是应当批准的。

至于让这类货物的销售成为一种多少带排他性的特权的问题，则必须依这项限制所意图服务的目的而作不同的回答。所有的公共聚集的场所，都需要警察加以管理，尤其是这类场所，更务必如此，因为危及社会的一些事情，特别容易在那里发生。所以要限制出售这类物品的销售权（至少是当场消费的一类），只授予一些公认的或有保证的行为值得尊敬的人士；还可以作出这样一些规定：为便于公众监督的需要限定营业开始和结束的时间，如因店主的纵容或无能而时常发生破坏安定的事件，或者把店铺变成策划和准备犯事的秘密场所，则可以吊销其营业执照。但是任何进一步的限制，在原则上，我就以为是不应当的了。比如，明显是为了要使人们不易获得酒类，和减少这种诱惑的场合，因而限制啤酒店与烈性酒商店的数量，这不仅是因为有些人会滥用此项便利而使所有人都陷入不便，而且只适合这样一种社会状况，即公然把劳动阶级当作孩童或野蛮人来对待，并将他们置于一种约束的教育之下，以让他们适应将来许给他们的自由的特权。这绝不是任何国家公然表示的管理劳动阶级的原则；并且任何一个被赋予自由和正当价值的人，都不会支持自己被如此管理，除非在作出一切努力教育他们自由，并把他们当作自由的人来统治之后，仍然确切地证明他们只能被当成孩童来管治。只需陈述一下这种选项即可表明，如果以为有任何需要在此考虑的事情上曾经做过这样的努力，那是荒谬的。只是因为这个国家的制度是一堆自相矛盾的东西，所以一些属于专制政府或所谓世袭政体的东西混入我们的日常实践当中。同时，在我们制度中的普遍自由又阻碍我们行使一定程度的控制，这种控制是使得任何真正有效的约束成为道德教育的内容所必需的。

本文的前一部分已经提出，只关系到个人事情的个人自由，是包括任何数目的个人的一种相应的自由，在关系到他们自己，而和别人毫无关系的事情，有涉及彼此束缚的自由。只要相关的各个人的意志没有变化，这一个问题就不会出现困难；然而因为那种意志可能会变化，所以即使在只关涉他们自己的事情上，也经常需要彼此签订契约；一旦订立契约以后，根据普遍规则，就应当遵循那些契约。但是或许在每一个国家的法律中，这种普遍规则也有一些特例。人们不仅能够不遵守甚至侵犯第三方权利的合约，就是在契约对他们自己有害时，有时也有充足的理由解除该契约的义务。例如在这个国家与其他大多数文明的国家中，一个人出卖自身，或让自己出卖为奴隶的契约，就属无效，而且也不会有法律或者舆论来强制执行。尽管他是心甘情愿的处分他自己的命运，理由是显而易见的，当然也能够从这个极端的事例一目了然。除非为了他人的缘故，不得干涉一个人的自愿行为，其理由正在于对他的自由的考量。他的自愿选择，就证实他所选择的是合于他的希望的，或至少是他可以容忍的，而许可他以自己的方式去追寻它，大体说来，是实现他的利益的最佳方式，也就是允许他采取自己追求的方法。但是要把自己出卖为奴隶就意味着放弃他的自由；他做了此举以后，便永远放弃了任何自由的行使。因此，他就在自己的举动中破坏了原先允许他自己处置自己的那个目的本身。他已经不再享有自由，从此以后便处于这样的一种地位，即由于他自愿居留其中而再也不会有什么有利于他的设定。自由的原则，不能让他随意的失去自由。许可他让渡他的自由，这就不是自由。这些理由的力量已在这一特殊事例中表现得如此显著，他们显然还有广阔得多的范围，但也不免随处都要受到一种限制，因为生活的必要性持续地要求我们，这当然不是要求我们放弃我们的自由，却是要我们认可在这里或那里限制一些自由。然而，要求当事人在只关涉他们自己的事情上有不受控制的行动自由这条原则，仍需要让受合约约束的双方在与第三者毫无关系的事情上能够相互解除该合约；甚至可以说，没有这种自愿解除，也就没有什么契约或合约了，只有与金钱或金钱价值相关的事情是例外，在此类事情上人们是不应该有任何退出合约的自由的。在本文前面引用过的冯·洪博德男爵的那篇出色的论文中，他这样阐明他的信念："一切有关私人关系或服务的合约，其法律上的约束力绝不应超过一段有限的时间；而契约中最举足轻重的婚姻，由于它有着除非双方感情和谐美满，不然将会破坏婚姻幸福的目标，正是因为婚姻具有这一个特点，因而所要求的就只有双方共同宣布解除此合约关系才有效。"这个题目如此重要，如此复杂，以致很难用一句话来讨论，我在这里提及它，也只是为了说明其必要程度。我想，假如洪博德男爵在议论上的简单和概括，使他在这一事例中，不得不以引用结论，而不探讨其前提，他毫无疑问也会承认，这个问题不能以简单的依据来论证。在一个人无论是用清楚的承诺还是行为，只要鼓舞另一个人相信他会继续以某种方式去行动（形成了期望和推测，并把自己的一部分生活计划建立在该推测之上），那就产生了他对那个人的一系列的新的道德义务，他可以放弃这种义务，但绝不能置之不理。又譬如：当订约的双方关系，导致对别人有了后果，假如它将第三者置于特殊的境地，或者像在婚姻的情形中那样，居然有了第三方的存在，那么，订约的双方就都产生了对第三者的义务。那些义务的履行，或者至少履行的方式，也可能因为原定的缔约双方关系的继续，有巨大的影响。这并不是得出结论说（我也不能这样承认），这些义务扩充到，完全顾忌不到不情愿的一方付出多大的代价，也都要履行该契约；然而这些义务总是这个问题必要思考的因素；即使像冯·洪博德所提议的，它们不应当影响到订约双方解约的法律上的自由（我也主张它们不应当有重大的影响），但它们对道德自由却必然发生重大的影响。一个人在决定采纳可能影响别人如此重要利益的步骤以前，必须要将所有的状况思考在内，假如他没有给予那些利益足够的重视，他就要在道德上为那一个错误承担责任。我要提出这些显而易见的意见，为的是更好地说明自由的一般性原则，这些意见并不仅是为解决这个特殊的问题，然而，通常在探讨这个问题时，一般人好像把孩子的利益看得高于一切，却对成人的利益看得无足轻重。

我在前面已经说过，由于缺少公认的普遍原则，时常在应当压抑自由的地方，却给予自由，在应当给予自由的地方，反而加以压抑。这类事情中，有一个案例，就是在现代的欧洲世界中，人们在一件事情上对自由的情感最为强烈，在我看来，也是完全本末倒置的。一个人对关于自己的事，原本能够依据自己的喜爱，自由地去做，然而他却不能够借口别人的事情就是他自己的事情，而同样自由地按照自己的喜好去代替他人行动。至于国家，它虽然尊重每人在有关自己的事情上的个人自由，也有责任对它允许每个人行使他人的权力保持一种警惕的控制。

在家庭关系这个问题上，这种义务几乎完全没有被留意，以它对人类幸福的直接影响而言，这件事情也比其他事情加起来还要举足轻重。这里没有必要长篇大论地阐述丈夫对妻子的那种近乎专制的权利，因为要完全免除这种不幸，最需要的是妻子要有相同的权利，以相同的方式接受法律的保护，正如所有其他人一样；也是因为在这个问题上，维护既有的不公平现象的辩护者们，并不要听取自由的请求，而是公开以权力的支持者的立场来讲话。成为国家履行其责任的真正阻碍，是在关于孩子方面有着种种的误用的自由观念。几乎每个人都觉得一个人的孩子实实在在的（而不是比喻意义上）就是此人的一部分，法律若稍微干涉一下家长对子女绝对的和排他的控制，家长就表现出特别的忌妒，甚至比在他自己的行动自由受到干涉还要严重。大多数人对自由的重视远远不及对权力的看重。以教育为例，说国家规定并且强制那些生而为其公民的每一个人，务必要接受一定程度的教育，这难道不是一条自明的公理吗？但是谁会大义凛然地承认和主张这种真理呢？确实，不会有任何人否认做父母（或者按照现有的法律和习惯说法，是父亲）是最圣洁的责任之一，就是在一个人降生以后，给予他一种教育，使他在生活中可以尽责任，包括对别人与对他自己。然而，尽管这是大家一致公认的做父亲的职责，在这个国家中，几乎没有人乐意听到有人强制他去履行那种责任的说法。他不但不被要求为了他的孩子的教育，去做任何努力或者牺牲，就算是在国家免费提供教育以后，还要看他是不是愉快的接纳呢！大家还没有意识到，生出一个小孩子以后，却不给他美好的前程，无论对那个悲哀的小孩和社会而言，都是一种道德上的犯罪；父母不但要让小孩可以自食其力，还要训导他的心智。假如父母不能尽到这个责任，国家就应当实行监督，使这项义务尽可能靠父母负担而得以履行。

假如强迫实施普及教育的责任一旦被认可，目前各党派争论的焦点，在于国家应当教些什么，与怎样去教的问题，就不用耗费许多时间和劳力去争论，而只要把时间与劳力用在教育方面即可，这也不会再有什么困境。假如政府下定决心规定每个儿童都务必要有优良的教育，也许就可不必自己操心办教育。它能够让做父母的根据自己的喜好为子女选择在何处得到怎样的教育，而国家只需要帮助贫穷阶层的儿童付学费，这就足够了。为了反对国家教育而提出的各种理由，并不适宜于国家对教育的强制，而只适用于国家亲自负起指导这种教育的责任；那也是一件大相径庭的事情。我与他人一样，对于人民教育的全部或者大部分要操控在国家的手里，也大大的不屑一顾。我已经提及个性独立，以及观点与行为方式变化的重要性，但凡我在那方面所说的，也都包括同样举足轻重的教育的变化。一种普及的国家教育，只是要把人民彼此铸成一样；而用来铸造他们的模型是政府中的当权者所热衷的——无论是君主、僧侣集团、贵族或者是在比例上有效的，而且成功的成为时代的多数派，它的目的就是在对心灵打造专制，而且借着自然的趋势，进而抵达对人身的专制。一种由国家确定与控制的教育，假如可以存在的话，也只能存在于很多竞争性的实验，以示范和鼓舞为目的，使其他类型的教育维持某种优良的标准。除非一般的社会真的是处于一种十分衰败的状态，假如不由政府去做就不能，或者不会供给任何适合的教育机构，那么才可以在两害相权取其轻的考量下，政府就的确能够负起办理学校及大学的工作；如同在国内没有任何私人企业适合于大规模的工业生产时，政府就能够筹设合股公司的业务一样。然而通常而言，假如那个国家有足够而且合格的人，在政府的监督之下，办理教育的人士，在一种强迫教育法所给予他们的报酬的保障下，再加上对于那些无力支付学费的人，国家将会施以援手，那些人在自动的原则上，也可以愿意给人一种同样良好的教育。

实施这一个法律的方式，只有从儿童开始，为所有的儿童举行公开的考试。每一个儿童在达到规定的年龄以后，都务必接受考试，以断定他（或她）是否已能阅读。假如证明儿童有能力就读，却没有去就读，那么他的父亲，除非他有某些能够被谅解的充足理由，不然就可能被处以一笔适中的罚款，并且在必要时，以他的劳力去缴付此款。同时也能够将他的孩子送进学校，要他担负教育费用。这种考试应当每年举行一次，科目可以渐渐扩展，以便使儿童永远具有某种最低的一般知识，至关重要的是维持某种最低限度的普通知识。在此最低限度外，另外也应当对各科有自愿参加的考试，在这种考试中精通程度达到一定的熟练的标准的人就都能够取得文凭。为了防止政府在这种举措中对言论自由使用不正当的方式去控制言论，即便在较高级的考试中，通过考试所测验具备的知识（除那些纯工具性的知识如语言及其用法以外），也应当完全限于事实与实证的科学范围，甚至高级别的考试也是如此。在宗教，政治或其他有争议的课题考试方面，考试的标准答案不应当依据意见的真实或者虚伪，而是应当根据事实，即某个作家、某个学派、某个教会，是根据某种立场而主张的某种观点，这些都不能当作是考试的标准答案。在这种制度下，新生代在所有有争议的真理方面，将不会比现在这一代的处境更糟糕；他们成人以后将会成为英国的国教徒，或者反驳英国国教的人，就像现在的状况一样，国家所需注重的，就是要使他们成为有涵养的人，无论他成为国教徒，或者国教徒的反对者。在他们的学校里，那么除了别的科目以外，他们也同样能够接受宗教的教育（假如他们的父母许可）。如果国家要使公民在有争议的问题上，对结论怀有先入为主的偏见，凡是这种企图，都是国家的祸害。但是假如国家要使它的公民在值得关注的任何科目，都能具有得出结论时所必要的知识，国家要去探讨或者证实这些公民是否具有这样的能力，是十分正当的。一个钻研哲学的学生，最好可以禁得起一场哲学的考试，内容包含了洛克和康德，无论他认可这两种哲学的哪一种，或者都反驳，那总是要好些，只要不是强迫他要相信，就算是用基督教的事例去考一个不信宗教的人，也没有什么值得反驳的理由。但是我认为在比较深奥的学问方面，考试应当采用完全自愿的方式。假如政府以缺少资格为理由，将人们排除于各种职业之外，甚至教师的职业也被排除在外，那就给他一种权力。我和冯·洪博德的观点如出一辙，对于前来应试并通过了测验的人，都应授予科学或职业成就方面的学位或公共证书；但是，这样的证书除了可能得到公共舆论对他的重视之外，绝不应构成胜过其他竞争者的有利条件。

并不是仅仅在教育方面，误用自由的观念常常使人认不清做父母的道德义务，并且在很多情况下，使人不敢把法律的义务加在他的身上。单是孕育生命这件事，就是人类一生中最需要负责的行为之一。要担负起这种责任（赋予一个可以是祸也可以是福的生命），除非这个被赋予生命的人将来有良好的生存状态，否则就是对此人的犯罪行为。在一个人头攒动，或者人满为患的危险的国家，假如孩子生得很多，在竞争之下，就会有降低劳力薪酬的影响，对于所有凭借劳力维生的人，也都是一种严重的侵犯。在欧洲大陆的很多国家中，都有不准结婚的法律，除非当事者双方可以证实他们有支持一个家庭的能力，而且这些能力也没有超越国家合法的权力范围。无论这类法律是否合适（这个问题主要取决于当地的情况），他们都不能被视同侵犯自由那样的加以反驳。国家制定这些法律，是要阻碍一种有害的行为；这种行为对别人有害，也是社会的奇耻大辱，即便被认为不宜以法律的处罚相加，也应当使它成为被指责和社会诟病的对象。可是目前的自由观念，可以轻而易举在只关系到一个人自己的事情上，侵犯到他的个人自由；另一方面，却在纵容他们，给后代带来一个或者多个悲惨堕落的生命，并且将为四周的人，特别是那些受他行为影响的人，带来更多祸害，我们的自由观念，还是要抗拒任何想要约束它的企图。假如把人类对自由做出这种奇怪的尊重和他们对自由奇怪的鄙视两者比较，我们就可以想象，一个人好像对伤害别人有一种不可或缺的权利，然而却丝毫没有不让别人受苦，而使自己快乐的权利。

我有意到最后，再说一些政府干预人民，应当有限度的这一大类问题。它们尽管和本文的主题息息相关，严格地说，却是不属于它的范畴。存在这样一种情况，有很多事情，反对干预的理由，并不是根据自由的原则；问题也不在于限制个人的行动，而是在协助他们；这也就是我们要问的，政府是否应当去做，或间接的促成某些对他们有益的事，而不要等到他们个别或者自动联合的去做。

在不涉及侵害自由的情形之下，反对政府干预人民的情况。能够分为以下三种情况：第一种状况是由个人去做，或许会比政府做得更好。通常而言，对它兴致勃勃的人，最适合去经营这个事业，没有人会比他更适宜了，任何事业都是这样的。无论是要决定如何去做，或者决定由谁去做，都适合用这个原则。这一个原则一度被普遍的运用在严肃谴责立法机关或政府官员，因为他们对工业的工程干预过多，关于这个方面，已经有许多的政治经济学家详细地探讨过了，而且对于本文的各项原则，也没有特别的关联。

第二种驳斥的理由，和我们的主题比较贴近。在许多状况下，尽管由个人去做某件事，通常而言，不如政府官吏做得好，但是作为对自己的一种精神教育方式——增强他们的主动性才能锻炼他们的判断力，以及让他们在留给自己解决的课题上取得熟悉的知识。人们提倡陪审制度（在非政治案件方面），提倡自由的、大众的地方与城市自治制度，提倡有自愿的联合组织来办理工业和慈善事业，是其主要理由，尽管这并不是独一无二的依据。这些都不是自由的问题，只是在不显而易见的趋势上，和自由相关，但它们是发展方面的问题。要把这些事情看作国民教育的一部分而加以仔细的探讨，目前并不是合适的时间，因为，说实话，要使人民超越个人和家庭自私而狭隘的范畴，了解大家共同的利益，管理公共事业，使他们习惯于从公共的或者半公共的立场去行事，而且坚决执行团结的原则，而不是只孤立自己的目标去指导他的行为，那就牵涉到一个公民的特殊训练与一个自由民族的政治教育的实践部分。没有这些习惯与力量，自由的制度就死路一条，更不会万古长青。这能够从许多国家的情况中看出，由于没有充足的地方自由做基础，使得他们的政治自由，时常稍纵即逝，由此能够获得证实。鉴于本文在论个性发展与行为方式的变化时，所说的各种观点，我们应当提倡由地方管理地方的事业，自愿提供财源的人所组织而成的团体去管理大企业。政府的举措，可以使得各地千篇一律。反而，个人以及自助组织而成的公司却有五花八门的试验。国家可以做出有益的事情就是，使它自己成为尝试经验的集中保管所，以及成为经验的积极分发者与流传者。它的责任是帮助每一个试验者从别人的试验中获得利益，而不是除了它自己的试验以外其他人的实验都一概不予容忍。

主张限制政府干预人民的第三种理由，也是最有力的理由，就是但凡不必要的权力，政府都不要增加，因为那些都是危害巨大的。在政府已经有的职权以外，所增加的每一项职权，都会使它对希望与恐惧的影响，流传得更广。而且会渐渐地使社会上活跃和野心勃勃的那些人，成为政府的附属物，或者成为政府的某些党派的附属物。假如道路，铁路和保险公司、合股的大公司、大学以及各种公共慈善事业都成为政府的分支机构，以及目前由他们主管的所有事物，也成为中央政权的部门，假如这些不同事业的职员，全部都由政府委任与担负薪酬，他们把一生中的每一个升职的机会，都寄期望于政府，虽然有再多的出版自由，与民间的立法组织，那么这个国家，或其他的任何国家，它们的自由都不能实至名归。假如所创立的行政机构越有效，和越合乎科学——网罗最卓越的人才的办法越精妙，它的祸患也就越大。近年在英国，已经有人提议，所有政府机构的公务员，他们的选用应当通过考试，以便为那个部门的职位找到最才智过人，和最有涵养的人；认可或者反驳这个建议的人，也都从各方面，说过和写过许多意见。反驳的人，他们最坚持的论据之一，是任职国家永久公仆这个职业，在待遇与地位方面，都前途平平，不足以吸引那些才华横溢的人，而从事各种职业，或者是为公司与其他公共团体服务，那些人却时常能够找到十分满意的工作。这个理由曾经被赞成这种提议的人采纳，主张考试能够处理其他重要的困难，这一点也不足为奇，令人大吃一惊的却是这个理由来自于他的反对面。他们以此为反对的理由，事实上却成了公职考试的安全阀。假如所有国内卓越的人才，真的都被吸纳到政府里面，去任职职务，那么，一个导致此结果的建议才会引起争论。假如社会上，每一种需要组织协调合作的，或见多识广的事业，都操在政府手里，假如政府的职位永久是能力超群的人担任，那么除了推理的方面以外，所有国内有高深涵养和有真才实学的人，就全部汇集在人数众多的官僚政治中。社会上剩余的人，也将在一切的事情上都仰仗它——大众期待指引与命令，要他们做些什么事；但是能干而胸怀大志的人，就只期盼个人的升迁。于是，加入这一个官僚政治的行列，以及加入之后，从那里取得升职，也将成为野心者唯一的目标。在这种政治之下，不仅在它外面的大众，因为缺少实践的经验，没有资格批判或抑制官僚政治的作风，即使专制制度的意外事件或平民制度的自然运作偶尔把一名或若干名倾向改革的统治者推上最高位，也无法实施与这个官僚机构利益相反的改革。从他们的报告中，能够看到这也正是俄罗斯帝国目前的情况，非常的悲哀，正如那些有充分观察机会的人提供的叙述所表明的那样。沙皇对抗官僚主义集团力不从心，他尽管可以把他们之中的任何人放逐西伯利亚，可是他所管辖治的国家，却不能失去他们，也不能违背他们的意愿。他们对沙皇的每一个命令，都有无声的否决权，只要拒绝将其付诸实施就可办到。在文化比较进步与比较富于反抗精神的国家中，习惯于期盼国家去为他们做每一件事，或至少要求政府许可他们去做，甚至告知他们怎样做的大众，自然会将他们所受的所有厄运，归咎于国家。当那种厄运让他们忍无可忍时，就要起来反对政府，发动所谓的政变了。于是，这个时候，另外一个在全国缺少合法权威的人，或者根本没有取得合法权威的人，便跃上统治者的高位，对官僚机构发号施令，于是所有事情，又会像之前一样照常运转下去；官僚政治依然不会政变，而且也没有人能够取而代之。

在一个惯于自己处理自己的事务的民族中，就展示出一种大相径庭的情况。在法国，由于大多数人曾经服过兵役，有许多人至少做过下士级军官，在每一次的人民暴动中，总会出现几个有领袖天赋的人，临时草拟一些相当好的行动计划。法国人擅长体现于军事上，美国人却是擅长于体现在国内事务的方方面面；就算他们一时之间没有政府，每一个美国团体都可以随时组织一个政府来，而且以充足的智慧、秩序与胆识推行政府与其他方面的公务。这是每一个自由的民族都应当做的事；从另一个方面说，但凡可以如此做的民族，也肯定是自由的；它绝对不会因为任何人或者任何团体能够掌控中央政府，就变成他们的仆人。没有任何一个官僚政治，能够强迫这样的民族去做他们讨厌做的事，或遭受他们不愿意遭受的事。可是每一件事情都必须由官僚机构才能办成，那么，只要是官僚机构真正反对的事情，就一定办不成。这类国家的组成，势将全国有经验与有真才实学的人，组织为一个有纪律的团体，为的是对其余的人进行统治。

这样的组织本身越完善，也就越能成功地为它罗致社会各种阶层中出类拔萃的人才，并且教导他们，他所加在一切人的身上的约束，包含一切的官僚本身在内，也就更为完全。因为统治者也是他们组织内与纪律下的奴仆，如同是被统治者统治的奴仆。中国的大官就像一个最卑微的农民一样，同是一个专制政体的工具和傀儡。一个耶稣会士是其社会最低贱的奴隶，虽然该社会自身是为其成员们的集体权力和地位而存在的。同样应当铭记于心的，是全国主要的人才都被统治团体罗致之后，早晚将会严重地损害那个团体的精神活动与发展。他们既然结成了一个团队（所运行的制度，就像所有制度一样，必然在很大程度上依靠固定的规则来运行），那种制度与所有制度一样，务必大多数要按固定的规章开展，官方的团体会坠入敷衍的例行公事的状态。假如有时候摒弃这种例行的作风，也是因为集团中一些首要人员幻想出来未经充分验证的不成熟的想法。这两种看起来截然不同的情形，其实有紧密相关的联系，想要制止他，并且刺激这个团体，使它的能力能维持在高的水平，就只能使它常常受到团体以外谨慎的批判，而这些团体是和它具有相同能力的人所组成的。所以，不可或缺的，是要有一种方式，使得在政府之外，形成这种有能力的团体，并且给它必要的机遇与经验，使得它可以对重大而实际的问题做出准确的判断。假如我们想要永久拥有一个兢兢业业的官吏团队——特别是一个可以自我改进，并且愿意集思广益的团体；假如我们不想让我们的官僚政治堕落成一种腐败政治，这个团体就不能独占所有这样的职业，可形成并培育人类治理所需要的各种能力。

第一要判别这些对人类的自由与进步造成非常恐怖的祸害，究竟是从哪里发生，并且决定怎样去避免它；第二要判别它们从哪里开始使用集体的力量，超过了社会的幸福与利益，这是社会在其公认的领导人指导之下，排除了千难万险才获得的利益，却被其官僚政治集体窃取；第三，怎样尽可能多地发挥集中权力和智慧的优点，而不致把一般活动过多地转入政府渠道——此乃统治艺术中最困难、最复杂的问题。这在很大程度上是一个细节问题，必须从多种不同的角度来考量，否则无法定出一条绝对的规则。然而我确信有关这个问题，有一个切实可行的实际原则，及其应当具有的观念，和用以检验各种攻破困难的举措的标准，可以表述如下：在不影响效率原则的前提下，尽可能将权力分散；但是要尽量地将情报汇集，由一个中枢去传播。因此，这样在地方行政管理中（比如在北美的新英格兰各州），对不与直接利益相关的事情，在地方所选的官员间有细致入微的分工；可是除此之外，在地方事务的每一个部门中都设立一个监督机关，成为全国政府的一个部门。这个监督机关将类似一个焦点，要把在各地所实施的那部分公务，外国所授权的类似措施，以及从政治科学的一般原则中所获得的情报与经验聚集起来。这个中心机构有权力明晰全部所做的事，而它的特别使命就是将一个地方所得到的知识，引荐给别的地方。他具有至高无上的地位和视察范畴，能够挣脱一个地方险恶的成见与狭隘的见解，它的建议就自然地会有巨大的威慑力。然而我认为，作为一个长远的机构，它的实际权力应当仅限于迫使地方官员遵从法律所规定的指引他们的事项。在一般规则所没有规定的所有事情上，那些官员在对他们的选民负责的形式下，应当被许可自作判断。他们假如背离规则的话，应当向法律负责，而规则也应当由议会去制定；中央行政当局只能监督规则的执行，假如执行不当，也能够根据事实去要求法院执行法律，予以处罚，或者要求选民罢免那些未能依据规则的精神去执行的官员。在一般的理念中，这就是英国中央救济会意图对全国贫民救济会管理人员实施的监督。该救济会行使的权力，如果超越了上述的限度，在那种特别的形式下，为了要改正那行政上的失败，及其经年累月的恶习，倒是正常和必不可少的；因为没有任何一个地方，有道德上的权力，由于管理失误的原因而成为贫困的巢穴，以致必然流向其他的地方，伤害了整个劳动社会的道德与物质状况。中央救济会所拥有行政上的强制权与拟定辅助立法的权力（然而因为舆论的反响，很少使用这种权力），在处理涉及全国利益的事情时，虽然有充足的理由，但是以这些权力来监管纯属地方性的利益，就全然无的放矢了。但是在政府的各个部门中，一个管理各地情报与教育的中央机关，也将拥有相同的价值。不过一个政府也不能过多的妨碍，而是协助与激励个人努力与发展的活动，那就不可能嫌多。当政府对振兴个人和团体的活动和力量无计可施的时候，而且以它自己的活动来替代他们的活动时，当它不但不给予指导、劝解和偶尔的指责，反而使他们在工作时受到约束，或者嘱咐他们站到旁边去，由政府自己为他们代劳时，弊端与灾害就接踵而至了。从长远看，一个国家是由个人组织而成的，所以一个国家的价值，到最后，就是个人的价值；一个国家假如把扩充和振作人民精神的利益，看得无足轻重，宁愿在各项事业中多取得一些管理的技巧，或者把实践中所取得的一些类似的技能稍加改善；这样的贬抑人民，放纵它的意志把人民培训成更驯良的工具，那它终将看到，迷茫的人民将不会做出真正宏伟的事业；它还将看到，自己不惜牺牲一切而争取机器的完善，为了让机器更平稳的运转而宁肯消除其活力，其结果也将使它毫无用处。

Dedication

The grand, leading principle, towards which every argument unfolded in these pages directly converges, is the absolute and essential importance of human development in its richest diversity.

Wilhelm von Humboldt:

Sphere and Duties of Government.

To the beloved and deplored memory of her who was the inspirer, and in part the author, of all that is best in my writings – the friend and wife whose exalted sense of truth and right was my strongest incitement, and whose approbation was my chief reward – I dedicate this volume. Like all that I have written for many years, it belongs as much to her as to me; but the work as it stands has had, in a very insufficient degree, the inestimable advantage of her revision; some of the most important portions having been reserved for a more careful re – examination, which they are now never destined to receive. Were I but capable of interpreting to the world one half the great thoughts and noble feelings which are buried in her grave, I should be the medium of a greater benefit to it, than is ever likely to arise from anything that I can write, unprompted and unassisted by her all but unrivalled wisdom.

Dedication

Chapter 1: Introductory

The subject of this Essay is not the so - called Liberty of the will, so unfortunately opposed to the misnamed doctrine of Philosophical Necessity; but Civil, or Social Liberty: the nature and limits of the power which can be legitimately exercised by society over the individual. A question seldom stated, and hardly ever discussed, in general terms, but which profoundly influences the practical controversies of the age by its latent presence , and is likely soon to make itself recognised as the vital question of the future. It is so far from being new, that, in a certain sense, it has divided mankind, almost from the remotest ages; but in the stage of progress into which the more civilized portions of the species have now entered, it presents itself under new conditions, and requires a different and more fundamental treatment.

The struggle between Liberty and Authority is the most conspicuous feature in the portions of history with which we are earliest familiar, particularly in that of Greece, Rome, and England. But in old times this contest was between subjects, or some classes of subjects, and the Government. By liberty, was meant protection against the tyranny of the political rulers. The rulers were conceived (except in some of the popular governments of Greece) as in a necessarily antagonistic position to the people whom they ruled. They consisted of a governing One, or a governing tribe or caste, who derived their authority from inheritance or conquest, who, at all events, did not hold it at the pleasure of the governed, and whose supremacy men did not venture, perhaps did not desire, to contest, whatever precautions might be taken against its oppressive exercise. Their power was regarded as necessary, but also as highly dangerous; as a weapon which they would attempt to use against their subjects, no less than against external enemies. To prevent the weaker members of the community from being preyed upon by innumerable vultures, it was needful that there should be an animal of prey stronger than the rest, commissioned to keep them down. But as the king of the vultures would be no less bent upon preying on the flock than any of the minor harpies, it was indispensable to be in a perpetual attitude of defence against his beak and claws. The aim, therefore, of patriots was to set limits to the power which the ruler should be suffered to exercise over the community; and this limitation was what they meant by liberty. It was attempted in two ways. First, by obtaining a recognition of certain immunities, called political liberties or rights, which it was to be regarded as a breach of duty in the ruler to infringe, and which if he did infringe, specific resistance, or general rebellion, was held to be justifiable. A second, and generally a later expedient, was the establishment of constitutional checks, by which the consent of the community, or of a body of some sort, supposed to represent its interests, was made a necessary condition to some of the more important acts of the governing power. To the first of these modes of limitation, the ruling power, in most European countries, was compelled, more or less, to submit. It was not so with the second; and, to attain this, or when already in some degree possessed, to attain it more completely, became everywhere the principal object of the lovers of liberty. And so long as mankind were content to combat one enemy by another, and to be ruled by a master, on condition of being guaranteed more or less efficaciously against his tyranny, they did not carry their aspirations beyond this point.

A time, however, came, in the progress of human affairs, when men ceased to think it a necessity of nature that their governors should be an independent power, opposed in interest to themselves. It appeared to them much better that the various magistrates of the State should be their tenants or delegates, revocable at their pleasure. In that way alone, it seemed, could they have complete security that the powers of government would never be abused to their disadvantage. By degrees this new demand for elective and temporary rulers became the prominent object of the exertions of the popular party, wherever any such party existed; and superseded, to a considerable extent, the previous efforts to limit the power of rulers. As the struggle proceeded for making the ruling power emanate from the periodical choice of the ruled, some persons began to think that too much importance had been attached to the limitation of the power itself. That (it might seem) was a resource against rulers whose interests were habitually opposed to those of the people. What was now wanted was, that the rulers should be identified with the people; that their interest and will should be the interest and will of the nation. The nation did not need to be protected against its own will. There was no fear of its tyrannizing over itself. Let the rulers be effectually responsible to it, promptly removable by it, and it could afford to trust them with power of which it could itself dictate the use to be made. Their power was but the nation's own power, concentrated, and in a form convenient for exercise. This mode of thought, or rather perhaps of feeling, was common among the last generation of European liberalism, in the Continental section of which it still apparently predominates. Those who admit any limit to what a government may do, except in the case of such governments as they think ought not to exist, stand out as brilliant exceptions among the political thinkers of the Continent. A similar tone of sentiment might by this time have been prevalent in our own country, if the circumstances which for a time encouraged it, had continued unaltered.

But, in political and philosophical theories, as well as in persons, success discloses faults and infirmities which failure might have concealed from observation. The notion, that the people have no need to limit their power over themselves, might seem axiomatic, when popular government was a thing only dreamed about, or read of as having existed at some distant period of the past. Neither was that notion necessarily disturbed by such temporary aberrations as those of the French Revolution, the worst of which were the work of a usurping few, and which, in any case, belonged, not to the permanent working of popular institutions, but to a sudden and convulsive outbreak against monarchical and aristocratic despotism. In time, however, a democratic republic came to occupy a large portion of the earth' s surface, and made itself felt as one of the most powerful members of the community of nations; and elective and responsible government became subject to the observations and criticisms which wait upon a great existing fact. It was now perceived that such phrases as "self – government" and "the power of the people over themselves", do not express the true state of the case. The "people" who exercise the power are not always the same people with those over whom it is exercised; and the "sell – government" spoken of is not the government of each by himself, but of each by all the rest. The will of the people, moreover, practically means the will of the most numerous or the most active part of the people; the majority, or those who succeed in making themselves accepted as the majority; the people, consequently may desire to oppress a part of their number; and precautions are as much needed against this as against any other abuse of power. The limitation, therefore , of the power of government over individuals loses none of its importance when the holders of power are regularly accountable to the community, that is, to the strongest party therein. This view of things, recommending itself equally to the intelligence of thinkers and to the inclination of those important classes in European society to whose real or supposed interests democracy is adverse, has had no difficulty in establishing itself; and in political speculations "the tyranny of the majority" is now generally included among the evils against which society requires to be on its guard.

Like other tyrannies, the tyranny of the majority was at first, and is still vulgarly, held in dread, chiefly as operating through the acts of the public authorities. But reflecting persons perceived that when society is itself the tyrant – society collectively over the separate individuals who compose it – its means of tyrannizing are not restricted to the acts which it may do by the hands of its political functionaries. Society can and does execute its own mandates: and if it issues wrong mandates instead of right, or any mandates at all in things with which it ought not to meddle, it practises a social tyranny more formidable than many kinds of political oppression, since, though not usually upheld by such extreme penalties, it leaves fewer means of escape, penetrating much more deeply into the details of life, and enslaving the soul itself. Protection, therefore, against the tyranny of the magistrate is not enough: there needs protection also against the tyranny of the prevailing opinion and feeling; against the tendency of society to impose, by other means than civil penalties, its own ideas and practices as rules of conduct on those who dissent from them; to fetter the development, and, if possible, prevent the formation, of any individuality not in harmony with its ways, and compels all characters to fashion themselves upon the model of its own. There is a limit to the legitimate interference of collective opinion with individual independence: and to find that limit, and maintain it against encroachment, is as indispensable to a good condition of human affairs, as protection against political despotism.

But though this proposition is not likely to be contested in general terms, the practical question, where to place the limit – how to make the fitting adjustment between individual independence and social control – is a subject on which nearly everything remains to be done. All that makes existence valuable to any one, depends on the enforcement of restraints upon the actions of other people. Some rules of conduct, therefore, must be imposed, by law in the first place, and by opinion on many things which are not fit subjects for the operation of law. What these rules should be is the principal question in human affairs; but if we except a few of the most obvious cases, it is one of those which least progress has been made in resolving. No two ages, and scarcely any two countries, have decided it alike; and the decision of one age or country is a wonder to another. Yet the people of any given age and country no more suspect any difficulty in it, than if it were a subject on which mankind had always been agreed. The rules which obtain among themselves appear to them self – evident and self – justifying. This all but universal illusion is one of the examples of the magical influence of custom, which is not only , as the proverb says, a second nature , but is continually mistaken for the first. The effect of custom, in preventing any misgiving respecting the rules of conduct which mankind impose on one another, is all the more complete because the subject is one on which it is not generally considered necessary that reasons should be given, either by one person to others, or by each to himself. People are accustomed to believe, and have been encouraged in the belief by some who aspire to the character of philosophers, that their feelings, on subjects of this nature, are better than reasons, and render reasons unnecessary. The practical principle which guides them to their opinions on the regulation of human conduct, is the feeling in each person's mind that everybody should be required to act as he, and those with whom he sympathies, would like them to act. No one, indeed, acknowledges to himself that his standard of judgment is his own liking; but an opinion on a point of conduct, not supported by reasons, can only count as one person's preference;

and if the reasons, when given, are a mere appeal to a similar preference felt by other people, it is still only many people's liking instead of one. To an ordinary man, however, his own preference, thus supported, is not only a perfectly satisfactory reason, but the only one he generally has for any of his notions of morality, taste, or propriety, which are not expressly written in his religious creed; and his chief guide in the interpretation even of that. Men's opinions, accordingly, on what is laudable or blamable, are affected by all the multifarious causes which influence their wishes in regard to the conduct of others, and which are as numerous as those which determine their wishes on any other subject. Sometimes their reason – at other times their prejudices or superstitions: often their social affections, notseldom their antisocial ones, their envy or jealousy, their arrogance or contemptuousness: but most commonly their desires or fears for themselves – their legitimate or illegitimate self – interest. Wherever there is an ascendant class, a large portion of the morality of the country emanates from its class and interests, and its feelings of class superiority. The morality between Spartans and Helots, between planters and negroes, between princes and subjects, between nobles and rotaries, between men and women, has been for the most part the creation of these class interests and feelings: and the sentiments thus generated, react in turn upon the moral feelings of the members of the ascendant class, in their relations among themselves. Where, on the other hand, a class, formerly ascendant, has lost its ascendancy, or where its ascendancy is unpopular , the prevailing moral sentiments frequently bear the impress of an impatient dislike of superiority. Another grand determining principle of the rules of conduct, both in act and forbearance which have been enforced by law or opinion, has been the servility of mankind towards the supposed preferences or aversions of their temporal masters or of their gods. This servility, though essentially selfish, is not hypocrisy; it gives rise to perfectly genuine sentiments of abhorrence: it made men burn magicians and heretics. Among so many baser influences, the general and obvious interests of society have of course had a share, and a large one, in the direction of the moral sentiments: less, however, as a matter of reason, and on their own account, than as a consequence of the sympathies and antipathies which grew out of them: and sympathies and antipathies which had little or nothing to do with the interests of society, have made themselves felt in the establishment of moralities with quite as great force.

The likings and disliking of society, or of some powerful portion of it, are thus the main thing which has practically determined the rules laid down for general observance, under the penalties of law or opinion. And in general, those who have been in advance of society in thought and feeling, have left this condition of things unassail in principle, however they may have come into conflict with it in some of its details. They have occupied themselves rather in inquiring what things society ought to like or dislike, than in questioning whether its likings or disliking should be a law to individuals. They preferred endeavoring to alter the feelings of mankind on the particular points on which they were themselves heretical, rather than make common cause in defense of freedom, with heretics generally. The only case in which the higher ground has been taken on principle and maintained with consistency, by any but an individual here and there, is that of religious belief: a case instructive in many ways, and not least so as forming a most striking instance of the fallibility of what is called the moral sense: for the odium theological, in a sincere bigot, is one of the most unequivocal cases of moral feeling. Those who first broke the yoke of what called itself the Universal Church, were in general as little willing to permit difference of religious opinion as that church itself. But when the heat of the conflict was over, without giving a complete victory to any party, and each church or sect was reduced to limit its hopes to retaining possession of the ground it already occupied; minorities, seeing that they had no chance of becoming majorities, were under the necessity of pleading to those whom they could not convert, for permission to differ. It is accordingly on this battle field, almost solely, that the rights of the individual against society have been asserted on broad grounds of principle, and the claim of society to exercise authority over dissentients openly controverted. The great writers to whom the world owes what religious liberty it possesses, have mostly asserted freedom of conscience as an indefeasible right, and denied absolutely that a human being is accountable to others for his religious belief. Yet so natural to mankind is intolerance in whatever they really care about, that religious freedom has hardly anywhere been practically realized, except where religious indifference, which dislikes to have its peace disturbed by theological quarrels, has added its weight to the scale. In the minds of almost all religious persons, even in the most tolerant countries, the duty of toleration is admitted with tacit reserves. One person will bear with dissent in matters of church government, but not of dogma; another can tolerate everybody, short of a Papist or an Unitarian; another everyone who believes in revealed religion; a few extend their charity a little further, but stop at the belief in a God and in a future state. Wherever the sentiment of the majority is still genuine and intense, it is found to have abated little of its claim to be obeyed.

In England, from the peculiar circumstances of our political history, though the yoke of opinion is perhaps heavier, that of law is lighter, than in most other countries of Europe; and there is considerable jealousy of direct interference, by the legislative or the executive power, with private conduct; not so much from any just regard for the independence of the individual, as from the still subsisting habit of looking on the government as representing an opposite interest to the public. The majority have not yet learnt to feel the power of the government their power, or its opinions their opinions. When they do so, individual liberty will probably be as much exposed to invasion from the government, as it already is from public opinion. But, as yet, there is a considerable amount of feeling ready to be called forth against any attempt of the law to control individuals in things in which they have not hitherto been accustomed to be controlled by it; and this with very little discrimination as to whether the matter is, or is not, within the legitimate sphere of legal control; in so much that the feeling, highly salutary on the whole, is perhaps quite as often misplaced as well grounded in the pro – titular instances of its application. There is, in fact, no recognized principle by which the propriety or impropriety of government interference is customarily tested. People decide according to their personal preferences. Some, whenever they see any good to be done, or evil to be remedied, would willingly instigate the government to undertake the business; while others prefer to bear almost any amount of social evil, rather than add one to the departments of human interests amenable to governmental control. And men range themselves on one or the other side in any particular case, according to this general direction of their sentiments ; or according to the degree of interest which they feel in the particular thing which it is proposed that the government should do, or according to the belief they entertain that the government would, or would not, do it in the manner they prefer; but very rarely on account of any opinion to which they consistently adhere, as to what things are fit to be done by a government. And it seems to me that in consequence of this absence of rule or principle, one side is at present as often wrong as the other; the interference of government is, with about equal frequency, improperly invoked and improperly condemned.

The object of this Essay is to assert one very simple principle, as entitled to govern absolutely the dealings of society with the individual in the way of compulsion and control, whether the means used be physical force in the form of legal penalties, or the moral coercion of public opinion. That principle is, that the sole end for which mankind are warranted, individually or collectively, in interfering with the liberty of action of any of their number, is self – protection. That the only purpose for which power can be rightfully exercised over any member of a civilized community, against his will, is to prevent harm to others. His own good, either physical or moral, is not a sufficient warrant. He cannot rightfully be compelled to do or forbear because it will be better for him to do so, because it will make him happier, because, in the opinions of others, to do so would be wise, or even right. These are good reasons for remonstrating with him, or reasoning with him, or persuading him, or entreating him, but not for compelling him, or visiting him with any evil in case he do otherwise. To justify that, the conduct from which it is desired to deter him must be calculated to produce evil to someone else. The only part of the conduct of any one, for which he is amenable to society, is that which concerns others. In the part which merely concerns himself, his independence is, of right, absolute. Over himself, over his own body and mind, the individual is sovereign.

It is, perhaps, hardly necessary to say that this doctrine is meant to apply only to human beings in the maturity of their faculties. We are not speaking of children, or of young persons below the age which the law may fix as that of manhood or womanhood. Those who are still in a state to require being taken care of by others, must be protected against their own actions as well as against external injury. For the same reason, we may leave out of consideration those backward states of society in which the race itself may be considered as in its nonage. The early difficulties in the way of spontaneous progress are so great, that there is seldom any choice of means for overcoming them; and a ruler full of the spirit of improvement is warranted in the use of any expedients that will attain an end, perhaps otherwise unattainable. Despotism is a legitimate mode of government in dealing with barbarians, provided the end be their improvement, and the means justified by actually effecting that end. Liberty, as a principle, has no application to any state of things anterior to the time when mankind have become capable of being improved by free and equal discussion. Until then, there is nothing for them but implicit obedience to an Akbar or a Charlemagne, if they are so fortunate as to find one. But as soon as mankind have attained the capacity of being guided to their own improvement by conviction or persuasion (a period long since reached in all nations with whom we need here concern ourselves), compulsion, either in the direct form or in that of pains and penalties for non – compliance, is no longer admissible as a means to their own good, and justifiable only for the security of others.

It is proper to state that I forego any advantage which could be derived to my argument from the idea of abstract right, as a thing independent of utility. I regard utility as the ultimate appeal on all ethical questions; but it must be utility in the largest sense, grounded on the permanent interests of man as a progressive being. Those interests, I contend, authorize the subjection of individual spontaneity to external control, only in respect to those actions of each, which concern the interest of other people. If any one does an act hurtful to others, there is a prima facie case for punishing him, by law, or, where legal penalties are not safely applicable, by general disapprobation. There are also many positive acts for the benefit of others, which he may rightfully be compelled to perform; such as to give evidence in a court of justice; to bear his fair share in the common defence, or in any other joint work necessary to the interest of the society of which he enjoys the protection; and to perform certain acts of individual beneficence, such as saving a fellow-creature's life, or interposing to protect the defenceless against ill-usage, things which whenever it is obviously a man's duty to do, he may rightfully be made responsible to society for not doing. A person may cause evil to others not only by his actions but by his inaction, and in either case he is justly accountable to them for the injury. The latter case, it is true, requires a much more cautious exercise of compulsion than the former. To make any one answerable for doing evil to others is the rule; to make him answerable for not preventing evil is, comparatively speaking, the exception. Yet there are many cases clear enough and grave enough to justify that exception. In all things which regard the external relations of the individual, he is de jure amenable to those whose interests are concerned, and, if need be, to society as their protector. There are often good reasons for not holding him to the responsibility; but these reasons must arise from the special expediencies of the case: either because it is a kind of case in which he is on the whole likely to act better, when left to his own discretion, than when controlled in any way in which society have it in their power to control him; or because the attempt to exercise control would produce other evils, greater than those which it would prevent. When such reasons as these preclude the enforcement of responsibility, the conscience of the agent himself should step into the vacant judgment seat, and protect those interests of others which have no external protection; judging himself all the more rigidly, because the case does not admit of his being made accountable to the judgment of his fellow creatures.

But there is a sphere of action in which society, as distinguished from the individual, has, if any, only an indirect interest; comprehending all that portion of a person's life and conduct which affects only himself, or if it also affects others, only with their free, voluntary, and undeceived consent and participation. When I say only himself, I mean directly, and in the first instance; for whatever affects himself, may affect others through himself; and the objection which may be grounded on this contingency, will receive consideration in the sequel. This, then, is the appropriate region of human liberty. It comprises, first, the inward domain of consciousness; demanding liberty of conscience in the most comprehensive sense; liberty of thought and feeling; absolute freedom of opinion and sentiment on all subjects, practical or speculative, scientific, moral, or theological. The liberty of expressing and publishing opinions may seem to fall under a different principle, since it belongs to that part of the conduct of an individual which concerns other people; but, being almost of as much importance as the liberty of thought itself, and resting in great part on the same reasons, is practically inseparable from it. Secondly, the principle requires liberty of tastes and pursuits; of framing the plan of our life to suit our own character; of doing as we like, subject to such consequences as may follow: without impediment from our fellow creatures, so long as what we do does not harm them, even though they should think our conduct foolish, perverse, or wrong. Thirdly, from this liberty of each individual, follows the liberty, within the same limits, of combination among individuals; freedom to unite, for any purpose not involving harm to others: the persons combining being supposed to be of full age, and not forced or deceived.

No society in which these liberties are not, on the whole, respected, is free, whatever may be its form of government; and none is completely free in which they do not exist absolute and unqualified. The only freedom which deserves the name, is that of pursuing our own good in our own way, so long as we do not attempt to deprive others of theirs, or impede their efforts to obtain it. Each is the proper guardian of his own health, whether bodily, or mental and spiritual. Mankind are greater gainers by suffering each other to live as seems good to themselves, than by compelling each to live as seems good to the rest.

Though this doctrine is anything but new, and, to some persons, may have the air of a truism, there is no doctrine which stands more directly opposed to the general tendency of existing opinion and practice. Society has expended fully as much effort in the attempt (according to its lights) to compel people to conform to its notions of personal as of social excellence. The ancient commonwealths thought themselves entitled to practise, and the ancient philosophers countenanced, the regulation of every part of private conduct by public authority, on the ground that the State had a deep interest in the whole bodily and mental discipline of every one of its citizens; a mode of thinking which may have been admissible in small republics surrounded by powerful enemies, inconstant peril of being subverted by foreign attack or internal commotion, and to which even a short interval of relaxed energy and self-command might so easily be fatal that they could not afford to wait for the salutary permanent effects of freedom. In the modern world, the greater size of political communities, and, above all, the separation between spiritual and temporal authority (which placed the direction of men's consciences in other hands than those which controlled their worldly affairs), prevented so great an interference by law in the details of private life; but the engines of moral repression have been wielded more strenuously against divergence from the reigning opinion in self-regarding, than even in social matters; religion, the most powerful of the elements which have entered into the formation of moral feeling, having almost always been governed either by the ambition of a hierarchy, seeking control over every department of human conduct, or by the spirit of Puritanism. And some of those modern reformers who have placed themselves in strongest opposition to the religions of the past, have been no way behind either churches or sects in their assertion of the right of spiritual domination: M. Comte, in particular, whose social system, as unfolded in his Systeme de Politique Positive, aims at establishing (though by moral more than by legal appliances) a despotism of society over the individual, surpassing anything contemplated in the political ideal of the most rigid disciplinarian among the ancient philosophers.

Apart from the peculiar tenets of individual thinkers, there is also in the world at large an increasing inclination to stretch unduly the powers of society over the individual, both by the force of opinion and even by that of legislation; and as the tendency of all the changes taking place in the world is to strengthen society, and diminish the power of the individual, this encroachment is not one of the evils which tend spontaneously to disappear, but, on the contrary, to grow more and more formidable. The disposition of mankind, whether as rulers or as rulers or as fellow - citizens, to impose their own opinions and inclinations as a rule of conduct on others, is so energetically supported by some of the best and by some of the worst feelings incident to human nature, that it is hardly ever kept under restraint by anything but want of power; and as the power is not declining, but growing, unless a strong barrier of moral conviction can be raised against the mischief, we must expect, in the present circumstances of the world, to see it increase.

It will be convenient for the argument, if, instead of at once entering upon the general thesis, we confine ourselves in the first instance to a single branch of it, on which the principle here stated is, if not fully, yet to a certain point, recognized by the current opinions. This one branch is the Liberty of Thought: from which it is impossible to separate the cognate liberty of speaking and of writing. Although these liberties, to some considerable amount, form part of the political morality of all countries which profess religious toleration and free institutions, the grounds, both philosophical and practical, on which they rest, are perhaps not so familiar to the general mind, nor so thoroughly appreciated by many even of the leaders of opinion, as might have been expected. Those grounds, when rightly understood, are of much wider application than to only one division of the subject, and a thorough consideration of this part of the question will be found the best introduction to the remainder. Those to whom nothing which I am about to say will be new, may therefore, I hope, excuse me, if on a subject which for now three centuries has been so often discussed, I venture on one discussion more.

Chapter II: Of the Liberty of Thought and Discussion

The time, it is to be hoped, is gone by, when any defence would be necessary of the "liberty of the press" as one of the securities against corrupt or tyrannical government. No argument, we may suppose, can now be needed, against permitting a legislature or an executive, not identified in interest with the people, to prescribe opinions to them, and determine what doctrines or what arguments they shall be allowed to hear. This aspect of the question, besides, has been so often and so triumphantly enforced by preceding writers, that it needs not be specially insisted on in this place. Though the law of England, on the subject of the press, is as servile to this day as it was in the time of the Tudors, there is little danger of its being actually put in force against political discussion, except during some temporary panic, when fear of insurrection drives ministers and judges from their propriety; These words had scarcely been written, when, as if to give them an emphatic contradiction, occurred the Government Press Prosecutions of 1858. That ill-judged interference with the liberty of public discussion has not, however, induced me to alter a single word in the text, nor has it at all weakened my conviction that , moments of panic excepted, the era of pains and penalties for political discussion has , in our own country, passed away. For, in the first place, the prosecutions were not persisted in; and, in the second, they were never, properly speaking, properly speaking, political prosecutions. The offence charged was not that of criticising institutions, or the acts or persons of rulers, but of circulating what was deemed an immoral doctrine, the lawfulness of Tyrannicide. If the arguments of the present chapter are of any validity, there ought lo exist the fullest liberty of professing and discussing, as a matter of ethical conviction, any doctrine, however immoral it may be considered. It would, therefore, be irrelevant and out of place to examine here, whether the doctrine of Tyrannicide deserves that title. I shall content myself with saying that the subject has been at all times one of the open questions of morals; that the act of a private citizen in striking down a criminal, who, by raising himself above the law, has placed himself beyond the reach of legal punishment or control, has been accounted by whole nations, and by some of the best and wisest of men, not a crime, but an act of exalted virtue; and that, right or wrong, it is not of the nature of assassination, but of civil war. As such, I hold that the instigation to it, in a specific case, may be a proper subject of punishment, but only if an overt act has followed, and at least a probable connection can be established between the act and the instigation. Even then, it is not a foreign government, but the very government assailed, which alone, in the exercise of self – defence, can legitimately punish attacks directed against its own existence.

and, speaking generally, it is not, in constitutional countries, to be apprehended, that the government, whether completely responsible to the people or not, will often attempt to control the expression of opinion, except when in doing so it makes itself the organ of the general intolerance of the public. Let us suppose, therefore, that the government is entirely at one with the people, and never thinks of exerting any power of coercion unless in agreement with what it conceives to be their voice. But I deny the right of the people to exercise such coercion, either by themselves or by their government. The power itself is illegitimate. The best government has no more title to it than the worst. It is as noxious, or more noxious, when exerted in accordance with public opinion, than when in opposition to it. If all mankind minus one, were of one opinion, and only one person were of the contrary opinion, mankind would be no more justified in silencing that one person, than he, if he had the power, would be justified in silencing mankind. Were an opinion a personal possession of no value except to the owner; if to be obstructed in the enjoyment of it were simply a private injury, it would make some difference whether the injury was inflicted only on a few persons or on many. But the peculiar evil of silencing the expression of an opinion is, that it is robbing the human race; posterity as well as the existing generation; those who dissent from the opinion, still more than those who hold it. If the opinion is right, they are deprived of the opportunity of exchanging error for truth: if wrong, they lose, what is almost as great a benefit, the clearer perception and livelier impression of truth, produced by its collision with error.

It is necessary to consider separately these two hypotheses, each of which has a distinct branch of the argument corresponding to it. We can never be sure that the opinion we are endeavoring to stifle is a false opinion; and if we were sure, stifling it would be an evil still.

First: the opinion which it is attempted to suppress by authority may possibly be true. Those who desire to suppress it, of course deny its truth: but they are not infallible. They have no authority to decide the question for all mankind, and exclude every other person from the means of judging. To refuse a heating to an opinion, because they are sure that it is false, is to assume that their certainty is the same thing as absolute certainty. All silencing of discussion is an assumption of infallibility. Its condemnation may be allowed to rest on this common argument, not the worse for being common.

Unfortunately for the good sense of mankind, the fact of their fallibility is far from carrying the weight in their practical judgment which is always allowed to it in theory; for while everyone well knows himself to be fallible, few think it necessary to take any precautions against their own fallibility, or admit the supposition that any opinion, of which they feel very certain, may be one of the examples of the error to which they acknowledge themselves to be liable. Absolute princes, or others who are accustomed to unlimited deference, usually feel this complete confidence in their own opinions on nearly all subjects. People more happily situated, who sometimes hear their opinions disputed, and are not wholly unused to be set right when they are wrong, place the same unbounded reliance only on such of their opinions as are shared by all who surround them, or to whom they habitually defer: for in proportion to a man's want of confidence in his own solitary judgment, does he usually repose, with implicit trust, on the infallibility of "the world" in general. And the world, to each individual, means the part of it with which he comes in contact; his party, his sect, his church, his class of society: the man may be called, by comparison, almost liberal and large-minded to whom it means anything so comprehensive as his own country or his own age. Nor is his faith in this collective authority at all shaken by his being aware that other ages, countries, sects, churches, classes, and parties have thought, and even now think, the exact reverse. He devolves upon his own world the responsibility of being in the right against the dissentient worlds of other people; and it never troubles him that mere accident has decided which of these numerous worlds is the object of his reliance, and that the same causes which make him a Churchman in London, would have made him a Buddhist or a Confucian in Pekin. Yet it is as evident in itself, as any amount of argument can make it, that ages are no more infallible than individuals; every age having held many opinions which subsequent ages have deemed not only false but absurd; and it is as certain that many opinions now general will be rejected by future ages, as it is that many, once general, are rejected by the present.

The objection likely to be made to this argument, would probably take some such form as the following. There is no greater assumption of infallibility in forbidding the propagation of error, than in any other thing which is clone by public authority on its own judgment and responsibility. Judgment is given to men that they may use it. Because it may be used erroneously, are men to be told that they ought not to use it at all? To prohibit what they think pernicious, is not claiming exemption from error, but fulfilling the duty incumbent on them, although fallible, of acting on their conscientious conviction. If we were never to act on our opinions, because those opinions may be wrong, we should leave all our interests uncared for, and all our duties unperformed. An objection which applies to all conduct can be no valid objection to any conduct in particular. It is the duty of governments, and of individuals, to form the truest opinions they can; to form them carefully, and never impose them upon others unless they are quite sure of being right. But when they are sure (such reasoners may say), it is not conscientiousness but cowardice to shrink from acting on their opinions, and allow doctrines which they honestly think dangerous to the welfare of mankind, either in this life or in another, to be scattered abroad without restraint, because other people, in less enlightened times, have persecuted opinions now believed to be true. Let us take care, it may be said, not to make the same mistake: but governments and nations have made mistakes in other things, which are not denied to be fit subjects for the exercise of authority: they have laid on bad taxes, made unjust wars. Ought we therefore to lay on no taxes, and, under whatever provocation, make no wars? Men, and governments, must act to the best of their ability. There is no such thing as absolute certainty, but there is assurance sufficient for the purposes of human life. We may, and must, assume our opinion to be true for the guidance of our own conduct: and it is assuming no more when we forbid bad men to pervert society by the propagation of opinions which we regard as false and pernicious.

I answer, that it is assuming very much more. There is the greatest difference between presuming an opinion to be true, because, with every opportunity for contesting it, it has not been refuted, and assuming its truth for the purpose of not permitting its refutation, Complete liberty of contradicting and disproving our opinion is the very condition which justifies us in assuming its truth for purposes of action ; and on no other terms can a being with human faculties have any rational assurance of being right.

When we consider either the history of opinion, or the ordinary conduct of human life, to what is it to be ascribed that the one and the other are no worse than they are? Not certainly to the inherent force of the human understanding; for, on any matter not self - evident, there are ninety - nine persons totally incapable of judging of it, for one who is capable; and the capacity of the hundredth person is only comparative; for the majority of the eminent men of every past generation held many opinions now known to be erroneous, and did or approved numerous things which no one will now justify. Why is it, then, that there is on the whole a preponderance among mankind of rational opinions and rational conduct? If there really is this preponderance - - which there must be unless human affairs are, and have always been, in an almost desperate state - - it is owing to a quality of the human mind, the source of everything respectable in man either as an intellectual or as a moral being, namely, that his rotors are corrigible. He is capable of rectifying his mistakes, by discussion and experience. Not by experience alone. There must be discussion, to show how experience is to be interpreted. Wrong opinions and practices gradually yield to fact and argument: but fact sand arguments, to produce any effect on the mind, must be brought before it. Very few facts are able to tell their own story, without comments to bring out their meaning. The whole strength and value, then, of human judgment, depending on the one property, that it can be set right when it is wrong, reliance can be placed on it only when the means of setting it right are kept constantly at hand. In the case of any person whose judgment is really deserving of confidence, how has it become so? Because he has kept his mind open to criticism of his opinions and conduct. Because it has been his practice to listen to all that could be said against him; to profit by as much of it as was just, and expound to himself, and upon occasion to others, the fallacy of what was fallacious. Because he has left, that the only way in which a human being can make some approach to knowing the whole of a subject, is by hearing what can be said about it by persons of every variety of opinion, and studying all modes in which it can be looked at by every character of mind. No wise man ever acquired his wisdom in any mode but this; nor is it in the nature of human intellect to become wise in any other manner. The steady habit of correcting and completing his own opinion by collating it with those of others, so far from causing doubt and hesitation in carrying it into practice, is the only stable foundation for a just reliance on it: for, being cognizant of all that can, at least obviously, be said against him, and having taken up his position against all gainsayers – – knowing that he has sought for objections and difficulties, instead of avoiding them, and has shut out no light which can be thrown upon the subject from any quarter – – he has a right to think his judgment better than that of any person, or any multitude, who have not gone through a similar process.

It is not too much to require that what the wisest of mankind, those who are best entitled to trust their own judgment, find necessary to warn – rant their relying on it, should be submitted to by that miscellaneous collection of a few wise and many foolish individuals, called the public. The most intolerant of churches, the Roman Catholic Church, even at the canonization of a saint, admits, and listens patiently to, a "devil's advocate." The holiest of men, it appears, cannot be admitted to posthumous honours, until all that the devil could say against him is known and weighed. If even the Newtonian philosophy were not permitted to be questioned, mankind could not feel as complete assurance of its truth as they now do. The beliefs which we have most warrant for, have no safeguard to rest on, but a standing invitation to the whole world to prove them unfounded, if the challenge is not accepted, or is accepted and the attempt fails, we are far enough from certainty still; but we have done the best that the existing state of human reason admits of; we have neglected nothing that could give the truth a chance of reaching us : if the lists are kept open, we may hope that if there be a better truth, it will be found when the human mind is capable of receiving it; and in the meantime we may rely on having attained such approach to troth as is possible in our own day. This is the amount of certainty attainable by a fallible being, and this the sole way of attaining it.

Strange it is, that men should admit the validity of the arguments for free discussion, but object to their being "pushed to an extreme"; not seeing that unless the reasons are good for an extreme case, they are not good for any case. Strange that they should imagine that they are not assuming infallibility, when they acknowledge that there should be free discussion on all subjects which can possibly be doubtful, but think that some particular principle or doctrine should be forbidden to be questioned because it is so certain, that is, because they are certain that it is certain. To call any proposition certain, while there is any one would deny its certainty if permitted, but who is not permitted, is to assume that we ourselves, and those who agree with us, are the judges of certainty, and judges without hearing the other side.

In the present age - which has been described as "destitute of faith, but terrified at skepticism" - in which people feel sure, not so much that their opinions are true, as that they should not know what to do without them - - the claims of an opinion to be protected from public attack are rested not so much on its truth, as on its importance to society. There are, it is alleged, certain beliefs, so useful, not to say indispensable, to well - being that it is as much the duty of governments to uphold those beliefs, as to protect any other of the interests of society. In a case of such necessity, and so directly in the line of their duty, something less than infallibility may, it is maintained, warrant, and even bind, governments, to act on their own opinion, confirmed by the general opinion of mankind. It is also often argued, and still oftener thought, that none but bad men would desire to weaken these salutary beliefs; and there call be nothing wrong, it is thought, in restraining bad men, and prohibiting what only such men would wish to practise. This mode or thinking makes the justification of restraints on discussion not a question of the truth of doctrines, but of their usefulness; and flatters itself by that means to escape the responsibility of claiming to be an infallible judge of opinions. But those who thus satisfy themselves, do not perceive that the assumption of infallibility is merely shifted from one point to another. The usefulness of an opinion is itself matter of opinion: as disputable, as open to discussion, and requiring discussion as much as the opinion itself. There is the same need of an infallible judge of opinions to decide an opinion to be noxious, as to decide it to be false, unless the opinion condemned has full opportunity of defending itself. And it will not do to say that the heretic may be allowed to maintain thc utility or harmlessness of his opinion, though forbidden to maintain its truth. The truth of an opinion is part of its utility. If we would know whether or not it is desirable that a proposition should be believed, is it possible to exclude the consideration of whether or not it is true? In the opinion, not of bad men, but of the best men, no belief which is contrary to truth can be really useful: and can you prevent such men from urging that plea, when they are charged with culpability for denying some doctrine which they are told is useful, but which they believe to be false? Those who are on the side of received opinions never fail to take all possible advantage of this plea; you do not find them handling the question of utility as if it could be completely abstracted from that of truth: on the contrary, it is, above all, because their doctrine is "the truth," that the knowledge or the belief of it is held to be so indispensable. There can be no fair discussion of the question of usefulness when an argument so vital may be employed on one side, but not on the other. And in point of fact, when law or public feeling does not permit the truth of all opinion to be disputed, they are just as little tolerant of a denial of its usefulness. The utmost they allow is an extenuation of its absolute necessity, or of the positive guilt of rejecting it.

In order more fully to illustrate the mischief of denying a hearing to opinions because we, in our own judgment, have condemned them, it will be desirable to fix down the discussion to a concrete case; and I choose, by preference, the cases which are least favourable to me—in which the argument against freedom of opinion, both on the score of truth and on that of utility, is considered the strongest. Let the opinions impugned be the belief in a God and in a future state, or any of the commonly received doctrines of morality. To fight the battle on such ground, gives a great advantage to an unfair antagonist; since he will be sure to say (and many who have no desire to be unfair will say it internally), Are these the doctrines which you do not deem sufficiently certain to be taken under the protection of law? Is the belief in a God one of the opinions, to feel sure of which, you hold to be assuming infallibility? But I must be permitted to observe, that it is not the feeling sure of a doctrine (be it what it may) which I call an assumption of infallibility. It is the undertaking to decide that question for others, without allowing them to hear what can be said on the contrary side. And I denounce and reprobate this pretension not the less, if put forth on the side of my most solemn convictions. However positive any one ́s persuasion may be, not only of the falsity but of the pernicious consequences – – not only of the pernicious consequences, but (to adopt expressions which I altogether condemn) the immorality and impiety of an opinion; yet if, in pursuance of that private judgment, though backed by the public judgment of his country or his cotemporaries, he prevents the opinion from being heard in its defence, he assumes infallibility. And so far from the assumption being less objectionable or less dangerous because the opinion is called immoral or impious, this is the case of all others in which it is most fatal. These are exactly the occasions on which the men of one generation commit those dreadful mistakes which excite the astonishment and horror of posterity, it is among such that we find the instances memorable in history, when tile arm of the law has been employed to root out the best men and the noblest doctrines; with deplorable success as to the men, though some of the doctrines have survived to be (as it in mockery) invoked, in defence of similar conduct towards those who dissent from them, or from their received interpretation.

Mankind can hardly be too often reminded, that there was once a man named Socrates, between whom and the legal authorities aim public opinion of his time, there took place a memorable collision. Born an age and country abounding in individual greatness this man has been handed down to us by those who best known both him and the age, as the most virtuous man in it; while we know him as the head and prototype of all subsequent teachers of virtue, the source equally of the lofty inspiration of Plato and the judicious utilitarianism of Aristotle, "imaestri di color che sanno," the two headsprings of ethical as of all other philosophy. This acknowledged master of all the eminent thinkers who have since lived – whose fame, still growing after more than two thousand years, all but outweighs the whole remainder of the names which make his native city illustrious – was put to death by his countrymen, after a judicial conviction, for impiety and immorality. Impiety, in denying the gods recognized by the State; indeed his accuser asserted (see the Apologia) that he believed in no gods at all. Immorality, in being, by his doctrines and instructions, a "corrupter of youth." Of these charges the tribunal, there is every ground lot believing, honestly found him guilty, and condemned the man who probably of all then born had deserved best of mankind, to be put to death is a criminal.

To pass from this to the only other instance of judicial iniquity, the mention of which, after the condemnation of Socrates, would not be an anti – climax: the event – which took place on Calvary rather more than eighteen hundred years ago. The man who left on the memory of those who witnessed his life and conversation such an impression of his moral grandeur, that eighteen subsequent centuries have done homage to him as the Almighty in person, was ignominiously put to death, as what? As a blasphemer, men did not merely mistake their benefactor; they mistook him for the exact contrary of what he was, and treated him as that prodigy of impiety, which they themselves are now held to be for their treatment of him. The feelings with which mankind now regard these lamentable transactions, especially the litter of the two. Render them extremely unjust in their judgment of the unhappy actors. These were, to all appearance, not bad men not worse than men most commonly are. But rather the contrary; men who possessed in a full, or somewhat more than a full measure, the religious, moral, and patriotic feelings of their time and people: the very kind of men who, in all times, our own included, have every chance of passing through life blameless and respected. The high – priest who rent his garments when the words were pronounced, which, according to all the ideas of his country, constituted the blackest guilt, was in all probability quite as sincere in his horror and indignation as the generality of respectable and pious men now are in the religious and moral sentiments they profess; and most of those who now shudder at his conduct, if they had lived his time, and been born Jews, would have acted precisely as he did. Orthodox Christians who are tempted to think that those who stoned to death the first martyrs must have been worse men than they themselves are, ought to remember that one of those persecutors was Saint Paul.

Let us add one more example, the most striking of all, if the impressiveness of an error is measured by the wisdom and virtue of him who falls into it. If ever any one, possessed of power, had grounds for thinking himself the best and most enlightened among his cotemporaries, it was the Emperor Marcus Aurelius. Absolute monarch of the whole civilized world, he preserved through life not only the most unblemished justice, but what was less to be expected from his Stoical breeding, the tenderest heart. The few failings which are attributed to him were all on the side of indulgence: while his writings, the highest ethical product of the ancient mind, differ scarcely perceptibly, if they differ at all, from the most characteristic teachings of Christ. This man, a better Christian in all but the dogmatic sense of the word than almost any of the ostensibly Christian sovereigns who have since reigned, persecuted Christianity. Placed at the summit of all the previous attainments of humanity, with an open, unfettered intellect, and a character which led him of himself to embody in his moral writings the Christian ideal, he yet failed to see that Christianity was to be a good and not an evil to the world, with his duties to which he was so deeply penetrated. Existing society he knew to be in a deplorable state. But such as it was, he saw, or thought he saw, that it was held together, and prevented from being worse, by belief and reverence of the received divinities. As a ruler of mankind, he deemed it his duty not to suffer society to fall in pieces; and saw not how, if its existing ties were removed, any others could be formed which could again knit it together. The new religion openly aimed at dissolving these ties: unless, therefore, it was his duty to adopt that religion, it seemed to be his duty to put it down. Inasmuch then as the theology of Christianity did not appear to him true or of divine origin ; inasmuch as this strange history of a crucified God was not credible to him, and a system which purported to rest entirely upon a foundation to him so wholly unbelievable, could not be foreseen by him to be that renovating agency which, after all abatements, it has in fact proved to be; the gentlest and most amiable of philosophers and rulers, under a solemn sense of duty, authorized the persecution of Christianity. To my mind this is one of the most tragical facts in all history. It is a bitter thought, how different a thing the Christianity of the world might have been, if the Christian faith had been adopted as the religion of the empire under the auspices of Marcus Aurelius instead of those of Constantine. But it would be equally unjust to him and false to truth to deny, that no one plea which can be urged for punishing anti-Christian teaching was wanting to Marcus Aurelius for punishing, as he did, the propagation of Christianity. No Christian more firmly believes that Atheism is false, and tends to the dissolution of society, than Marcus Aurelius believed the same things of Christianity; he who, of all men then living, might have been thought the most capable of appreciating it. Unless anyone who approves of punishment for the promulgation of opinions, flatters himself that he is a wiser and better man than Marcus

Aurelius – more deeply versed in the wisdom of his time, more elevated in his intellect above it – – more earnest in his search for truth, more single – minded in his devotion to it when found; let him abstain from that assumption of the joint infallibility of himself and the multitude, which the great Antoninus made with so unfortunate a result.

Aware of the impossibility of defending the use of punishment for restraining irreligious opinions, by any argument which will not justify Marcus Antoninus, the enemies of religious freedom, when bard pressed, occasionally accept this consequence, and say, with Dr. Johnson, that the persecutors of Christianity were in the right; that persecution is an ordeal through which truth ought to pass, and always passes successfully, legal penalties being, in the end, powerless against truth, though sometimes beneficially effective against mischievous errors. This is a form of the argument for religious intolerance, sufficiently remarkable not to be passed without notice.

A theory which maintains that truth may justifiably be persecuted because persecution cannot possibly do it any harm, cannot be charged with being intentionally hostile to the reception of new truths; but we cannot commend the generosity of its dealing with the persons lo whom mankind are indebted for them. To discover to the world something which deeply concerns it, and of which it was previously ignorant; to prove to it that it had been mistaken on some vital point of temporal or spiritual interest, is as important a service as a human being can render to his fellow creatures, and in certain cases, as in those of the early Christians and of the Reformers, those who think with Dr. Johnson believe it to have been the most precious gift which could be bestowed on mankind. That the authors of such splendid benefits should be requited by martyrdom, that their reward should be to be dealt with as the vilest of criminals, is not, upon this theory, a deplorable error and misfortune, for which humanity should mourn in sackcloth and ashes, but the normal and justifiable state of things. The profounder of a new truth, according to this doctrine, should stand as stood, in the legislation of the Locrians, the proposer of a new law, with a halter round his neck, to be instantly tightened if the public assembly did not, on hearing his reasons, then and there adopt his proposition. People who defend this mode of treating benefactors, cannot be supposed to set much value on the benefit; and I believe this view of the subject is mostly confined to the sort of persons who think that new truths may have been desirable once, but that we have had enough of them now.

But, indeed, the dictum that troth always triumphs over persecution, is one of those pleasant falsehoods which men repeat after one another till they pass into commonplaces, but which all experience refutes. History teems with instances of truth put down by persecution. If not suppressed forever, it may be thrown back for centuries. To speak only of religious opinions: the Reformation broke out at least twenty times before Luther, and was put down. Arnold of Brescia was put down. Fra Dolcino was put down. Savonarola was put down. The Albigeois were put down. The Vaudois were put down. The Lollards were put down. The Hussites were put down. Even after the era of Luther, wherever persecution was persisted in, it was successful. In Spain, Italy, Flanders, the Austrian empire, Protestantism was rooted out; and, most likely, would have been so in England, had Queen Mary lived, or Queen Elizabeth died. Persecution has always succeeded, save where the heretics were too strong a party to be effectually persecuted. No reasonable person can doubt that Christianity might have been extirpated in the Roman Empire. It spread, and became predominant, because the persecutions were only occasional, lasting but a short time, and separated by long intervals of almost undisturbed propagandism.

It is a piece of idle sentimentality that truth, merely as truth, has any inherent power denied to error, of prevailing against the dungeon and the stake. Men are not more zealous for truth than they often are for error, and a sufficient application of legal or even of social penalties will generally succeed in stopping the propagation of either. The real advantage which troth has, consists in this, that when an opinion is true, it may be extinguished once, twice, or many times, but in the course of ages there will generally be found persons to rediscover it, until some one of its reappearances falls on a time when from favourable circumstances it escapes persecution until it has made such head as to withstand all subsequent attempts to suppress it.

It will be said, that we do not now put to death the introducers of new opinions: we are not like our fathers who slew the prophets, we even build sepulchres to them. It is true we no longer put heretics to death; and the amount of penal infliction which modern feeling would probably tolerate, even against the most obnoxious opinions, is not sufficient to extirpate them. But let us not flatter ourselves that we are yet free from the stain even of legal persecution. Penalties for opinion, or at least for its expression, still exist by law; and their enforcement is not, even in these times, so unexampled as to make it at all incredible that they may some day be revived in full force. In the year 1857, at the summer assizes of the county of Cornwall, an unfortunate man①, said to be of unexceptionable conduct in all relations of life, was sentenced to twenty – one months´ imprisonment, for uttering, and writing on agate, some offensive words concerning Christianity. Within a month of the same time, at the Old Bailey, two persons,

① Thomas Pooley, Bodmin Assizes, July 31, 1857. In December following, he received a free pardon from the Crown.

on two separate occasions[①], were rejected as jurymen, and one of them grossly insulted by the judge and by one of the counsel, because they honestly declared that they had no theological belief; and a third, a foreigner[②], for the same reason, was denied justice against a thief. This refusal of redress took place in virtue of the legal doctrine, that no person can be allowed to give evidence in a court of justice, who does not profess belief in a God (any god is sufficient) and in a future state; which is equivalent to declaring such persons to be outlaws, excluded from the protection of the tribunals ; who may not only be robbed or assaulted with impunity, if no one but themselves, or persons of similar opinions, be present, but anyone else may be robbed or assaulted with impunity, if the proof of the fact depends on their evidence. The assumption on which this is grounded is that the oath is worthless of a person who does not believe in a future state; a proposition which betokens much ignorance of history in those who assent to it (since it is historically true that a large proportion of infidels in all ages have been persons of distinguished integrity and honor) ; and would be maintained by no one who had the smallest conception how many of the persons in greatest repute with the world, both for virtues and for attainments, are well known, at least to their intimates, to be unbelievers. The rule, besides, is suicidal, and cuts away its own foundation. Under pretence that atheists must be liars, it admits the testimony of all atheists who are willing to lie, arid rejects only those who brave the obloquy of publicly confessing a detested creed rather than affirm a falsehood. A rule

① George Jacob Holyoake, August 17, 1857; Edward Truelove, July, 1857.

② Baron de Gleichen, Marlborough – street Police Court, August 4, 1857.

thus self – convicted of absurdity so far as regards its professed purpose, can be kept in force only as a badge of hatred, a relic of persecution; a persecution, too, having the peculiarity that the qualification for undergoing it, is the being clearly proved not to deserve it. The rule, and the theory it implies, are hardly less insulting to believers than to infidels. For if he who does not believe in a future state necessarily lies, it follows that they who do believe are only prevented from lying, if prevented they are, by the fear of hell. We will not do the authors and abettors of the rule the injury of supposing, that the conception which they have formed of Christian virtue is drawn from their own consciousness.

These, indeed, are but rags mid remnants of persecution, and may be thought to be not so much an indication of the wish to persecute, as an example of that very frequent infirmity of English minds, which makes them take a preposterous pleasure in the assertion of a bad principle, when they are no longer bad enough to desire to carry it really into practice. But unhappily there is no security in the state of the public mind that the suspension of worse forms of legal persecution, which has lasted for about the space of a generation, will continue. In this age the quiet surface of routine is as often ruffled by attempts to resuscitate past evils, as to introduce new benefits. What is boasted of at the present time as the revival of religion, is always, in narrow and uncultivated minds, at least as much the revival of bigotry; and where there is the strong permanent leaven of intolerance in the feelings of a people, which at all times abides in the middle classes of this country, it needs but little to provoke them into actively persecuting those whom they have never ceased to think proper objects of persecution. Ample warning may be drawn from the large infusion of the passions of a persecutor, which mingled with the general display of the worst parts of our national character on the occasion of the Sepoy insurrection. The ravings of fanatics or charlatans from the pulpit may be unworthy of notice; but the heads of the Evangelical party have announced as their principle for or the government of Hindoos and Mahomedans, that no schools be supported by public money in which the Bible is not taught, and by necessary consequence that no public employment be given to any but real or pretended Christians. An Under – Secretary of State, in a speech delivered to his constituents on the 12th of November, 1857, is reported to have said: "Toleration of their faith" (the faith of a hundred millions of British subjects), "the Superstition which they called religion, by the British Government, had had the effect of retarding the ascendancy of the British name, and preventing the salutary growth of Christianity…Toleration was the great corner – stone of the religious liberties of this country; but do not let them abuse that precious word toleration. As he understood it, it meant the complete liberty to all, freedom of worship, among Christians, who worshipped upon the same foundation. It meant toleration of all sects and denominations of Christians who believed in the one medialion." I desire to call attention to the fact, that a man who has been deemed fit to fill a high office in the government of this country under a liberal Ministry, maintains the doctrine that all who do not believe in the divinity of Christ are beyond the pale of toleration. Who, after this imbecile display, can indulge the illusion that religious persecution has passed away, never to return?

]. For it is this – it is the opinions men entertain, and the feelings they cherish, respecting those who disown the beliefs they deem important, which makes this country not a place of mental freedom. For a long time past, the chief mischief of the legal penalties is that they strengthen the social stigma. It is that stigma which is really effective, and so effective is it. That the profession of opinions which are under the ban of society is much less common in England than is, in many other countries, the avowal of those which incur risk of judicial punishment. In respect to all persons but those whose pecuniary circumstances make them independent of the good will of other people, opinion, on this subject, is as efficacious as law; men might as well be imprisoned, as excluded from the means of earning their bread. Those whose bread is already secured, and who desire no favours from men in power, or from bodies of men, or from the public, have nothing to fear from the open avowal of any opinions, but to be ill thought of and ill-spoken of, and this it ought not to require a very heroic mould to enable them to bear. There is no room for any appeal ad misericordiam in behalf of such persons. But though we do not now inflict so much evil on those who think differently from us as it was formerly our custom to do, it may be that we do ourselves as much evil as ever by our treatment of them. Socrates was put to death, but the Socratic philosophy rose like the sun in heaven, and spread its illumination over the whole intellectual firmament. Christians were cast to the lions, but the Christian church grew up a stately and spreading tree, overtopping the older and less vigorous growths, and stifling them by its shade. Our merely social intolerance kills no one, roots out no opinions, but induces men to disguise them, or to abstain from any active effort for their diffusion. With us, heretical opinions do not perceptibly gain, or even lose, ground in each decade or generation; they never blaze out far and wide, but continue to smoulder in the narrow circles of thinking and studious persons among whom they originate, without ever lighting up the general affairs of mankind with either a true or a deceptive light. And thus is kept up a state of things very satisfactory to some minds, because, without the unpleasant process of fining or imprisoning anybody, it maintains all prevailing opinions outwardly undisturbed, while it does not absolutely interdict the exercise of reason by dissentients afflicted with the malady of thought. A convenient plan for having peace in the intellectual world, and keeping all things going on therein very much as they do already. But the price paid for this sort of intellectual pacification, is the sacrifice of the entire moral courage of the human mind. A state of things in which a large portion of the most active and inquiring intellects find it advisable to keep the general principles and grounds of their convictions within their own breasts, and attempt, in what they address to the public, to fit as much as they can of their own conclusions to premises which they have internally renounced, cannot send forth the open, fearless characters, and logical, consistent intellects who once adorned the thinking world. The sort of men who can be looked for under it, are either mere conformers to commonplace, or time – servers for truth, whose arguments on all great subjects are meant for their hearers, and are not those which have convinced themselves. Those who avoid this alternative, do so by narrowing their thoughts ~d interest to things which can be spoken of without venturing within the region of principles, that is, to small practical matters, which would come right of themselves, if but the minds of mankind were strengthened and enlarged, and which will never be made effectually right until then: while that which would strengthen and enlarge men's minds, free and daring speculation on the highest subjects, is abandoned.

Those in whose eyes this reticence on the part of heretics is no evil should consider in the first place, that in consequence of it there is never any fair and thorough discussion of heretical opinions; and that such of them as could not stand such a discussion, though they may be prevented from spreading, do not disappear. But it is not the minds of heretics that are deteriorated most by the ban placed on all inquiry which does not end in the orthodox conclusions. The greatest harm done is to those who are not heretics, and whose whole mental development is cramped, and their reason cowed, by the fear of heresy. Who can compute what the world loses in the multitude of promising intellects combined with timid characters, who dare not follow out any bold, vigorous, independent train of thought, lest it should land them in something which would admit of being considered irreligious or immoral? Among them we may occasionally see some man of deep conscientiousness, and subtle and refined understanding, who spends a life in sophisticating with an intellect which he cannot silence, and exhausts the resources of ingenuity in attempting to reconcile the promptings of his conscience and reason with orthodoxy, which yet he does not, perhaps, to the end succeed in doing. No one can be a great thinker who does not recognize, that as a thinker it is his first duty to follow his intellect to whatever conclusions it may lead. Truth gains more even by the errors of one who, with due study and preparation, thinks for himself, than by the true opinions of those who only hold them because they do not suffer themselves to think. Not that it is solely, or chiefly, to form great thinkers, that freedom of thinking is required. On the contrary, it is as much and even more indispensable, to enable average human beings to attain the menial stature which they me capable of. There have been, and may again be, great individual thinkers in a general atmosphere of mental slavery. But there never has been, nor ever will be, in that atmosphere an intellectually active people. Where any people has made a temporary approach to such a character, it has been because the dread of heterodox speculation was for a time suspended. Where there is a tacit convention that principles are not to be disputed; where the discussion of the greatest questions which can occupy humanity is considered to be closed, we cannot hope to find that generally high scale of mental activity which has made some periods of history so remarkable. Never when controversy avoided the subjects which are large and important enough to kindle enthusiasm, was the mind of a people stirred up from its foundations, and the impulse given which raised even persons of the most ordinary intellect to something of the dignity of thinking beings. Of such we have had an example in the condition of Europe during the times immediately following the Reformation; another, though limited to be Continent and to a more cultivated class, in the speculative movement of the latter half of the eighteenth century; and a third, of still briefer duration, in the intellectual fermentation of Germany during the Goethian and Fichtean period. These periods differed widely in the particular opinions which they developed; but were alike in this, that during all three the yoke of authority was broken. In each, an old mental despotism had been thrown off, and no new one had yet taken its place. The impulse given at these three periods has made Europe what it now is. Every single improvement which has taken place either in the human mind or in institutions, may be traced distinctly to one or other of them. Appearances have for some time indicated that all three impulses are well nigh spent; and we can expect no fresh start, until we again assert our mental freedom.

Let us now pass to the second division of the argument, and dismissing the supposition that any of the received opinions may be false, let us assume them to be true, and examine into the worth of the manner in which they are likely to be held, when their truth is not freely and openly canvassed. However unwillingly a person who has a strong opinion may admit the possibility that his opinion may be false, he ought to be moved by the consideration that however true it may be, if it is not fully, frequently, and fearlessly discussed, it will be held as a dead dogma, not a living truth.

There is a class of persons (happily not quite so numerous as formerly) who think it enough if a person assents undoubtingly to what they think true, though he has no knowledge whatever of the grounds of the opinion, and could not make a tenable defence of it against the most superficial objections. Such persons, if they can once get their creed taught from authority, naturally think that no good, and some harm, comes of its being allowed to be questioned. Where their influence prevails, they make it nearly impossible for the received opinion to be rejected wisely and considerately, though it may still be rejected rashly and ignorantly; for to shut out discussion entirely is seldom possible, and when it once gets in, beliefs not grounded on conviction are apt to give way before the slightest semblance of an argument. Waving, however, this possibility – assuming that the true opinion abides in the mind, but abides as a prejudice, a belief independent of, and proof against, argument – this is not the way in which truth ought to be held by a rational being. This is not knowing the truth. Truth, thus held, is but one superstition the more, accidentally clinging to the words which enunciate a truth.

If the intellect and judgment of mankind ought to be cultivated, a thing which Protestants at least do not deny, on what can these faculties be more appropriately exercised by any one, than on the things which concern him so much that it is considered necessary for him to hold opinions on them? If the cultivation of the understanding consists in one thing more than in another, it is surely in learning the grounds of one's own opinions. Whatever people believe, on subjects on which it is of the first importance to believe rightly, they ought to be able to defend against at least the common objections. But, some one may say, "Let them be taught the grounds of their opinions. It does not follow that opinions must be merely parroted because they are never heard controverted. Persons who learn geometry do not simply commit the theorems to memory, but understand and learn likewise the demonstrations; and it would be absurd to say that they remain ignorant of the grounds of geometrical truths, because they never hear any one deny, and attempt to disprove them." Undoubtedly: and such teaching suffices on a subject like mathematics, where there is nothing at all to be said on the wrong side of the question. The peculiarity of the evidence of mathematical truths is that all the argument is on one side. There are no objections, and no answers to objections. But on every subject on which difference of opinion is possible, the truth depends on a balance to be struck between two sets of conflicting reasons. Even in natural philosophy, there is always some other explanation possible of the same facts; some geocentric theory instead of heliocentric, some phlogiston instead of oxygen; and it has to be shown why that other theory cannot be the true one: and until this is shown, and until we know how it is shown, we do not understand the grounds of our opinion. But when we turn to subjects infinitely more complicated, to morals, religion, politics, social relations, and the business of life, three-fourths of the arguments for every disputed opinion consist in dispelling the appearances which favour some opinion different from it. The greatest orator, save one, of antiquity, has left it on record that he always studied his adversary's case with as great, if not with still greater, intensity than even his own. What Cicero practised as the means of forensic success requires to be imitated by all who study any subject in order to arrive at the truth. He who knows only his own side of the case, knows little of that. His reasons may be good, and no one may have been able to refute them. But if he is equally unable to refute the reasons on the opposite side; if he does not so much as know what they are, he has no ground for preferring either opinion. The rational position for him would be suspension of judgment, and unless he contents himself with that, he is either led by authority, or adopts, like the generality of the world, the side to which he feels most inclination. Nor is it enough that he should hear the arguments of adversaries from his own teachers, presented as they state them, and accompanied by what they offer as refutations. That is not the way to do justice to the arguments, or bring them into real contact with his own mind. He must be able to hear them from persons who actually believe them; who defend them in earnest, and do their very utmost for them. He must know them in their most plausible and persuasive form; he must feel the whole force of the difficulty which the true view of the subject has to encounter and dispose of; else he will never really possess himself of the portion of truth which meets and removes that difficulty. Ninety-nine in a hundred of what are called educated men are in this condition; even of those who can argue fluently for their opinions. Their conclusion may be true, but it might be false for anything they know: they have never thrown themselves into the mental position of those who think differently from them, and considered what such persons may have to say; and consequently they do not, in any proper sense of the word, know the doctrine which they themselves profess. They do not know those parts of it which explain and justify the remainder; the considerations which show that a fact which seemingly conflicts with another is reconcilable with it, or that, of two apparently strong reasons, one and not the other ought to be preferred. All that part of the truth which turns the scale, and decides the judgment of a completely informed mind, they are strangers to; nor is it ever really known, but to those who have attended equally and impartially to both sides, and endeavoured to see the reasons of both in the strongest light. So essential is this discipline to a real understanding of moral and human subjects, that if opponents of all important truths do not exist, it is indispensable to imagine them, and supply them with the strongest arguments which the most skilful devil's advocate can conjure up.

To abate the force of these considerations, an enemy of free discussion may be supposed to say, that there is no necessity for mankind in general to know and understand all that can be said against or for their opinions by philosophers and theologians. That it is not needful for common men to be able to expose all the misstatements or fallacies of an ingenious opponent. That it is enough if there is always somebody capable of answering them, so that nothing likely to mislead uninstructed persons remains unrefuted. That simple minds, having been taught the obvious grounds of the truths inculcated on them, may trust to authority for the rest, and being aware that they have neither knowledge nor talent to resolve every difficulty which can be raised, may repose in the assurance that all those which have been raised have been or can be answered, by those who are specially trained to the task.

Conceding to this view of the subject the utmost that can be claimed for it by those most easily satisfied with the amount of understanding of truth which ought to accompany the belief of it; even so, the argument for free discussion is no way weakened. For even this doctrine acknowledges that mankind ought to have a rational assurance that all objections have been satisfactorily answered; and how are they to be answered if that which requires to be answered is not spoken? or how can the answer be known to be satisfactory, if the objectors have no opportunity of showing that it is unsatisfactory? If not the public, at least the philosophers and theologians who are to resolve the difficulties, must make themselves familiar with those difficulties in their most puzzling form; and this cannot be accomplished unless they are freely stated, and placed in the most advantageous light which they admit of. The Catholic Church has its own way of dealing with this embarrassing problem. It makes a broad separation between those who can be permitted to receive its doctrines on conviction, and those who must accept them on trust. Neither, indeed, are allowed any choice as to what they will accept; but the clergy, such at least as can be fully confided in, may admissibly and meritoriously make themselves acquainted with the arguments of opponents, in order to answer them, and may, therefore, read heretical books; the laity, not unless by special permission, hard to be obtained. This discipline recognises a knowledge of the enemy's case as beneficial to the teachers, but finds means, consistent with this, of denying it to the rest of the world: thus giving to the elite more mental culture, though not more mental freedom, than it allows to the mass. By this device it succeeds in obtaining the kind of mental superiority which its purposes require; for though culture without freedom never made a large and liberal mind, it can make a clever nisi prius advocate of a cause. But in countries professing Protestantism, this resource is denied; since Protestants hold, at least in theory, that the responsibility for the choice of a religion must be borne by each for himself, and cannot be thrown off upon teachers. Besides, in the present state of the world, it is practically impossible that writings which are read by the instructed can be kept from the uninstructed. If the teachers of mankind are to be cognizant of all that they ought to know, everything must be free to be written and published without restraint.

If, however, the mischievous operation of the absence of free discussion, when the received opinions are true, were confined to leaving men ignorant of the grounds of those opinions, it might be though that this, if an intellectual, is no moral evil, and does not affect the worth of the opinions, regarded in their influence on the character. The fact, however, is, that not only the grounds of the opinion are forgotten in the absence of discussion, but too often the meaning of the opinion itself. The words which convey it cease to suggest ideas, or suggest only a small portion of those they were originally employed to communicate. Instead of a vivid conception and a living belief, there remain only a few phrases retained by rote ;

or, if any part, the shell and husk only of the meaning is retained, the finer essence being lost. The great chapter in human history which this fact occupies and fills, cannot be too earnestly studied and meditated on.

It is illustrated in the experience of almost all ethical doctrines and religious creeds. They are all full of meaning and vitality to those who originate them, and to the direct disciples of the originators. Their meaning continues to be felt in undiminished strength, and is perhaps brought out into even fuller consciousness, so long as the struggle lasts to give the doctrine or creed an ascendancy over other creeds. At last it either prevails, and becomes the general opinion, or its progress stops; it keeps possession of the ground it has gained, but ceases to spread further. When either of these results has become apparent, controversy on the subject flags, and gradually dies away. The doctrine has taken its place, if not as a received opinion, as one of the admitted sects or divisions of opinion: those who hold it have generally inherited, not adopted it; and conversion from one of these doctrines to another, being now an exceptional fact, occupies little place in the thoughts of their professors. Instead of being, as at first, constantly on the alert either to defend themselves against the world, or to bring the world over to them, they have subsided into acquiescence, and neither listen, when they can help it, to arguments against their creed, nor trouble dissentients (if there be such) with arguments in its favour. From this time may usually be dated the decline in the living power of the doctrine. We often hear the teachers of all creeds lamenting the difficulty of keeping up in the minds of believers a lively apprehension of the truth which they nominally recognise, so that it may penetrate the feelings, and acquire a real mastery over the conduct. No such difficulty is complained of while the creed is still fighting for its existence: even the weaker combatants then know and feel what they are fighting for, and the difference between it and other doctrines; and in that period of every creeds existence, not a few persons may be found, who have realised its fundamental principles in all the forms of thought, have weighed and considered them in all their important bearings, and have experienced the full effect on the character which belief in that creed ought to produce in a mind thoroughly imbued with it. But when it has come to be an hereditary creed, and to be received passively, not actively – – when the mind is no longer compelled, in the same degree as at first, to exercise its vital powers on the questions which its belief presents to it, there is a progressive tendency to forget all of the belief except the formularies, or to give it a dull and torpid assent, as if accepting it on trust dispensed with the necessity of realizing it in consciousness, or testing it by personal experience ; until it almost ceases to connect itself at all with the inner life of the human being. Then are seen the cases, so frequent in this age of the world as almost to form the majority, in which the creed remains as it were outside the mind, incrusting and petrifying it against all other influences addressed to the higher parts of our nature; manifesting its power by not suffering any fresh and living conviction to get in, but itself doing nothing for the mind or heart, except standing sentinel over them to keep them vacant.

To what an extent doctrines intrinsically fitted to make the deepest impression upon the mind may remain in it as dead beliefs, without being ever realised in the imagination, the feelings, or the understanding, is exemplified by the manner in which the majority of believers hold the doctrines of Christianity. By Christianity 1 here mean what is accounted such by all churches and sects the maxims and precepts contained in the New Testament. These are considered sacred, and accepted as laws, by all professing Christians. Yet it is scarcely too much to say that not one Christian in a thousand guides or tests his individual conduct by reference to those laws. The standard to which he does refer it, is the custom of his nation, his class, or his religions profession. He has thus, on the one hand, a collection of ethical maxims, which he believes to have been vouchsafed to him by infallible wisdom as rules for his government; and on the other a set of every – day judgments and practices, which go a certain length with some of those maxims, not so great a length with others, stand in direct opposition to some, and are, on the whole, a compromise between the Christian creed and the interests and suggestions of worldly life. To the first of these standards he gives his homage; to the other his real allegiance. All Christians believe that the blessed are the poor and humble, and those who are ill – used by the world; that it is easier for a camel to pass through the eye of a needle than for a rich man to enter the kingdom of heaven; that they should judge not, lest they be judged; that they should swear not at all; that they should love their neighbour as themselves; that if one take their cloak, they should give him their coat also; that they should take no thought for the morrow; that if they would be perfect they should sell all that they have and give it to the poor. They are not insincere when they say that they believe these things. They do believe them, as people believe what they have always heard lauded and never discussed. But in the sense of that living belief which regulates conduct, they believe these doctrines just up to the point to which it is usual to act upon them. The doctrines in their integrity are serviceable to pelt adversaries with; and it is understood that they are to be put forward (when possible) as the reasons for whatever people do that they think laudable. But any one who reminded them that the maxims require an infinity of things which they never even think of doing, would gain nothing but to be classed among those very unpopular characters who affect to be better than other people. The doctrines have no hold on ordinary believers – are not a power in their minds. They have an habitual respect for the sound of them, but no feeling which spreads from the words to the things signified, and forces the mind to take them in, and make them conform to the formula. Whenever conduct is concerned, they look round for Mr. A and B to direct them how far to go in obeying Christ.

Now we may be well assumed that the case was not thus, but far otherwise, with the early Christians. Had it been thus, Christianity never would have expanded from an obscure sect of the despised Hebrews into the religion of the Roman empire. When their enemies said, "See how these Christians love one another" (a remark not likely to be made by anybody now), they assuredly had a much livelier feeling of the meaning of their creed than they have ever had since. And to this cause, probably, it is chiefly owing that Christianity now makes so little progress in extending its domain, and after eighteen centuries is still nearly confined to Europeans and the descendants of Europeans. Even with the strictly religious, who are much in earnest about their doctrines, and attach a greater amount of meaning to many of them than people in general, it commonly happens that the part which is thus comparatively active in their minds is that which was made by Calvin, or Knox, or some such person much nearer in character to themselves. The sayings of Christ coexist passively in their minds, producing hardly any effect beyond what is caused by mere listening to words so amiable and bland. There are many reasons, doubtless, why doctrines which are the badge of a sect retain more of their vitality than those common to all recognized sects, and why more pains are taken by teachers to keep their meaning alive; but one reason certainly is, that the peculiar doctrines are more questioned, and have to be oftener defended against open gainsayers. Both teachers and learners go to sleep at their post, as soon as there is no enemy in the field.

The same thing holds true, generally speaking, or all traditional doctrines – those of prudence and knowledge of life, as well as of morals or religion. All languages and literatures are full of general observations on life, both as to what it is, and how to conduct oneself in it; observations which everybody knows, which everybody repeats, or hears with acquiescence, which are received as truisms, yet of which most people first truly learn the meaning when experience, generally of a painful kind, has made it a reality to them. How often, when smarting under some unforeseen misfortune or disappointment, does a person call to mind some proverb or common saying, familiar to him all his life, the meaning of which, if he had ever before felt it as he does now, would have saved him from the calamity. There are indeed reasons for this, other than the absence of discussion; there are many truths of which the full meaning cannot be realized until personal experience has brought it home. But much more of the meaning even of these would have been understood, and what was understood would have been far more deeply impressed on the mind, if the man had been accustomed to hear it argued pro and con by people who did understand it. The fatal tendency of mankind to leave off thinking about a thing when it is no longer doubtful, is the cause of half their errors. A contemporary author has well spoken of "the deep slumber of a decided opinion."

But what! (it may be asked) Is the absence of unanimity an indispensible condition of true knowledge? Is it necessary that some part of mankind should persist in error to enable any to realise the truth? Does a belief cease to be real and vital as soon as it is generally received – and is a proposition never thoroughly understood and felt unless some doubt of it remains? As soon as mankind have unanimously accepted a truth, does the truth perish within them? The highest aim and best result of improved intelligence, it has hitherto been thought, is to unite mankind more and more in the acknowledgment of all important truths : and does the intelligence only last as long as it has not achieved its object? Do the fruits of conquest perish by the very completeness of the victory?

I affirm no such thing. As mankind improve, the number of doctrines which are no longer disputed or doubted will be constantly on the increase: and the well - being of mankind may almost be measured by the number and gravity of the truths which have reached the point of being uncontested. The cessation, on one question after another, of serious controversy, is one of the necessary incidents of the consolidation of opinion; a consolidation as salutary in the case of true opinions, as it is dangerous and noxious when the opinions are erroneous. But though this gradual narrowing of the bounds of diversity of opinion is necessary in both senses of the term, being at once inevitable and indispensable, we are not therefore obliged to conclude that all its consequences must be beneficial. The loss of so important an aid to the intelligent and living apprehension of a truth, as is afforded by the necessity of explaining it to, or defending it against, opponents, though not sufficient to outweigh, is no trifling drawback from, the benefit of its universal recognition. Where this advantage can no longer be had, I confess I should like to see the teachers of mankind endeavouring to provide a substitute for it; some contrivance for making the difficulties of the question as present to the learner's consciousness, as if they were pressed upon him by a dissentient champion, eager for his conversion.

But instead of seeking contrivances for this purpose, they have lost those they formerly had. The Socratic dialectics, so magnificently exemplified in the dialogues of Plato, were a contrivance of this description. They were essentially a negative discussion of the great questions of philosophy and life, directed with consummate skill to the purpose of convincing any one who had merely adopted the commonplaces of received opinion that he did not understand the subject – that be as yet attached no definite meaning to the doctrines he professed; in order that, becoming aware of his ignorance, he might be put in the way to obtain a stable belief, resting on a dear apprehension both of the meaning of doctrines and of their evidence. The school disputations of the Middle Ages had a somewhat similar object. They were intended to make sure that the pupil understood his own opinion, and (by necessary correlation) the opinion opposed to it, and could enforce the grounds of the one and confute those of the other. These last – mentioned contests had indeed the incurable defect, that the premises appealed to were taken from authority, not from reason; and, as a discipline to the mind, they were in every respect inferior to the powerful dialectics which formed the intellects of the "Socratici viri:" but the modern mind owes far more to both than it is generally willing to admit, and the present modes of education contain nothing which in the smallest degree supplies the place either of the one or of the other. A person who derives all his instruction from teachers or books, even if the escape the besetting temptation of contenting himself with cram, is under no compulsion to hear both sides; accordingly it is far from a frequent accomplishment, even among thinkers, to know both sides; and the weakest part of what everybody says in defence of his opinion is what he intends as a reply to antagonists. It is the fashion of the present time to disparage negative logic that which points out weaknesses in theory or errors in practice, without establishing positive truths. Such negative criticism would indeed be poor enough as an ultimate result; but as a means to attaining any positive knowledge or conviction worthy the name, it cannot be valued too highly; and until people are again systematically trained to it, there will be few great thinkers, and a low general average of intellect, in any but the mathematical and physical departments of speculation. On any other subject no one's opinions deserve the name of knowledge, except so far as he has either had forced upon him by others, or gone through of himself, the same mental process which would have been required of him in carrying on an active controversy with opponents. That, therefore, which when absent, it is so indispensable, but so difficult to create. how worse than absurd it is to forego, when spontaneously offering itself! If there are any persons who contest a received opinion, or who will do so if law or opinion will let them, let us thank them for it, open our minds to listen to them, and rejoice that there is some one to do for us what we otherwise ought, if we have any regard for either the certainty or the vitality of our convictions, to do with much greater Labor for ourselves.

It still remains to speak of one of the principal causes which make diversity of opinion advantageous, and will continue to do so until mankind shall have entered a stage of intellectual advancement which at present seems at an incalculable distance. We have hitherto considered only two possibilities: that the received opinion may be false, and some other opinion, consequently, true; or that, the received opinion being true, a conflict with the opposite error is essential to a clear apprehension and deep feeling of its truth. But there is a commoner case than either of these: when the conflicting doctrines, instead of being one true and the other false, share the truth between them; and the nonconforming opinion is needed to supply the remainder of the truth, of which the received doctrine embodies only a part. Popular opinions, on subjects not palpable to sense, are often true, but seldom or never the whole truth. They are a part of the truth; sometimes a greater, sometimes a smaller part, but exaggerated, distorted, and disjoined from the truths by which they ought to be accompanied and limited. Heretical opinions, on the other hand, are generally some of these suppressed and neglected truths, bursting the bonds which kept them down, and either seeking reconciliation with the truth contained in the common opinion, or fronting it as enemies, and setting themselves up, with similar exclusiveness, as the whole truth. The latter case is hitherto the most frequent, as, in the human mind, one – sidedness has always been the rule, and many – sidedness the exception. Hence, even in revolutions of opinion, one part of the truth usually sets while another rises. Even progress, which ought to superadd. For the most part only substitutes, one partial and incomplete truth for another; improvement consisting chiefly in this, that the new fragment of truth is more wanted, more adapted to the needs of the time, than that which it displaces. Such being the partial character of prevailing opinions, even when resting on a true foundation, every opinion which embodies somewhat of the portion of truth which the common opinion omits, ought to be considered precious, with whatever amount of error and confusion that truth may be blended. No sober judge of human affairs will feel bound to be indignant because those who force on our notice truths which we should otherwise have overlooked, overlook some of those which we see. Rather, he will think that so long as popular truth is one – sided, it is more desirable than otherwise that unpopular truth should have one – sided asserters too; such being usually the most energetic, and the most likely to compel reluctant attention to the fragment of wisdom which they proclaim as if it were the whole.

Thus, in the eighteenth century, when nearly all the instructed, and all those of the uninstructed who were led by them, were lost in admiration of what is called civilization, and of the marvels of modern science, literature, and philosophy, and while greatly overrating the amount of unlikeness between the men of modern and those of ancient times, indulged the belief that the whole of the difference was in their own favour; with what a salutary shock did the paradoxes of Rousseau explode like bombshells in the midst, dislocating the compact mass of one – sided opinion, and forcing its elements to recombine in a better form and with additional ingredients. Not that the current opinions were on the whole farther from the truth than Rousseau's were; on the contrary, they were nearer to it; they contained more of positive truth, and very much less of error. Nevertheless there lay in Rousseau's doctrine, and has floated down the stream of opinion along with it, a considerable amount of exactly those truths which the popular opinion wanted; and these are the deposit which was left behind when the flood subsided.

The superior worth of simplicity of life, the enervating and demoralizing effect of the trammels and hypocrisies of artificial society, are ideas which have never been entirely absent from cultivated minds since Rousseau wrote; and they will in time produce their due effect, though at present needing to be asserted as much as ever, and to be asserted by deeds, for words, on this subject, have nearly exhausted their power.

In politics, again, it is almost a commonplace, that a party of order or stability, and a party of progress or reform, are both necessary elements of a healthy state of political life; until the one or the other shall have so enlarged its mental grasp as to be a party equally of order and of progress, knowing and distinguishing what is fit to be preserved from what ought to be swept away. Each of these modes of thinking derives its utility from the deficiencies of the other; but it is in a great measure the opposition of the other that keeps each within the limits of reason and sanity. Unless opinions favourable to democracy and to aristocracy, to property and to equality, to cooperation and to competition, to luxury and to abstinence, to sociality and individuality, to liberty and discipline, and all the other standing antagonisms of practical life, are expressed with equal freedom, and enforced and defended with equal talent and energy, there is no chance of both elements obtaining their due; one scale is sure to go up, and the other down. Truth, in the great practical concerns of life, is so much a question of the reconciling and combining of opposites, that very few have minds sufficiently capacious and impartial to make the adjustment with an approach to correctness, and it has to be made by the rough process of a struggle between combatants fighting under hostile banners. On any of the great open questions just enumerated, if either of the two opinions has a better claim than the other, not merely to be tolerated, but to be encouraged and countenanced, it is the one which happens at the particular time and place to be in a minority. That is the opinion which, for the time being, represents the neglected interests, the side of human well - being which is in danger of obtaining less than its share, I am aware that there is not, in this country, any intolerance of differences of opinion on most of these topics. They are adduced to show, by admitted and multiplied examples, the universality of the fact, that only through diversity of opinion is there, in the existing state of human intellect, a chance of fair play to all sides of the truth. When there are persons to be found, who form an exception to the apparent unanimity of the world on any subject, even if the world is in tile right, it is always probable that dissentients have something worth hearing to say for themselves, and that truth would lose something by their silence.

It may be objected, "But some received principles, especially on the highest and most vital subjects, are more than half - troths. The Christian morality, for instance, is the whole truth on that subject, and if any one teaches a morality which varies from it, he is wholly in error." As this is of all cases the most important in practice, none can be fitter to test tile general maxim. But before pronouncing what Christian morality is or is not, it would be desirable to decide what is meant by Christian morality. If it means the morality of the New Testament, I wonder that any one who derives his knowledge of this from the book itself, can suppose that it was announced, or intended, as a complete doctrine of morals. The Gospel always refers to a pre-existing morality, and confines its precepts to the particulars in which that morality was to be corrected, or superseded by a wider and higher; expressing itself, moreover, in terms most general, often impossible to be interpreted literally, and possessing rather the impressiveness of poetry or eloquence than the precision of legislation. To extract from it a body of ethical doctrine, has never been possible without eking it out from the Old Testament, that is, from a system elaborate indeed, but in many respects barbarous, and intended only for a barbarous people. St. Paul, a declared enemy to this Judaical mode of interpreting the doctrine and filling up the scheme of his Master, equally assumes a preexisting morality, namely that of the Greeks and Romans; and his advice to Christians is in a great measure a system of accommodation to that; even to the extent of giving an apparent sanction to slavery. What is called Christian, but should rather be termed theological, morality, was not the work of Christ or the Apostles, but is of much later origin, having been gradually built up by the Catholic church of the first five centuries, and though not implicitly adopted by moderns and Protestants, has been much less modified by them than might have been expected. For the most part, indeed, they have contented themselves with cutting off the additions which had been made to it in the Middle Ages, each sect supplying tile place by fresh additions, adapted to its own character and tendencies. That mankind owe a great debt to this morality, and to its early teachers, I should be the last person to deny; but I do not scruple to say of it that it is, in many important points, incomplete and one-sided, and that unless ideas and feelings, not sanctioned by it, had contributed to the formation of European life and character, human affairs would have been in a worse condition than they now are.

Christian morality (so called) has all the characters of a reaction; it is, in great part, a protest against Paganism. Its ideal is negative rather than positive; passive rather than active; Innocence rather than Nobleness; Abstinence from Evil, rather than energetic Pursuit of Good; in its precepts (as has been well said) "thou shalt not" predominates unduly over "thou shalt." In its horror of sensuality, it made an idol of asceticism, which has been gradually compromised away into one of legality. It holds out the hope of heaven and the threat of hell, as the appointed and appropriate motives to a virtuous life: in this falling far below the best of the ancients, and doing what lies in it to give to human morality an essentially selfish character, by disconnecting each man's feelings of duty from the interests of his fellow creatures, except so far as a self-interested inducement is offered to him for consulting them. It is essentially a doctrine of passive obedience; it inculcates submission to all authorities found established; who indeed are not to be actively obeyed when they command what religion forbids, but who are not to be resisted, far less rebelled against, for any amount of wrong to ourselves. And while, in the morality of the best Pagan nations, duty to the State holds even a disproportionate place, infringing on the just liberty of the individual; in purely Christian ethics, that grand department of duty is scarcely noticed or acknowledged. It is in the Koran, not the New Testament, that we read the maxim – "A ruler who appoints any man to an office, when there is in his dominions another man better qualified for it, sins against God and against the State." What little recognition the idea of obligation to the public obtains in modern morality, is derived from Greek and Roman sources, not from Christian; as, even in the morality of private life, whatever exists of magnanimity, high mindedness, personal dignity, even the sense of honour, is derived from the purely human, not the religious part of our education, and never could have grown out of a standard of ethics in which the only worth, professedly recognized, is that of obedience.

I am as far as any one from pretending that these defects are necessarily inherent in the Christian ethics, in every manner in which it can be conceived, or that the many requisites of a complete moral doctrine which it does not contain do not admit of being reconciled with it. Far less would I insinuate this of the doctrines and precepts of Christ himself. I believe that the sayings of Christ are all that I can see any evidence of their having been intended to be; that they are irreconcilable with nothing which a comprehensive morality requires; that everything which is excellent in ethics may be brought within them, with no greater violence to their language than has been done to it by all who have attempted to deduce from them any practical system of conduct whatever. But it is quite consistent with this, to believe that they contain, and were meant to contain, only a part of the truth; that many essential elements of the highest morality are among the things which are not provided for, nor intended to be provided for, in the recorded deliverances of the Founder of Christianity, and which have been entirely thrown aside in the system of ethics erected on the basis of those deliverances by the Christian Church. And this being so, I think it a great error to persist in attempting to find in the Christian doctrine that complete rule for our guidance, which its author intended it to sanction and enforce, but only partially to provide. I believe, too, that this narrow theory is becoming a grave practical evil, detracting greatly from the moral training and instruction which so many well – meaning persons are now at length exerting themselves to promote. I much fear that by attempting to form the mind and feelings on an exclusively religious type, and discarding those secular standards (as for want of a better name they maybe called) which heretofore co – existed with and supplemented the Christian ethics, receiving some of its spirit, and infusing into it some of theirs, there will result, and is even now resulting, a low, abject, servile type of character, which, submit itself as it may to what it deems the Supreme Will, is incapable of rising to or sympathizing in the conception of Supreme Goodness. I believe that other ethics than any one which can be evolved from exclusively Christian sources, must exist side by side with Christian ethics to produce the moral regeneration of mankind ; and that the Christian system is no exception to the rule, that in an imperfect state of the human mind the interests of truth require a diversity of opinions. It is not necessary that in ceasing to ignore the moral truths not contained in Christianity men should ignore any of those which it does contain. Such prejudice, or oversight, when it occurs, is altogether an evil; but it is one from which we cannot hope to be always exempt, and must be regarded as the price paid for an inestimable good. The exclusive pretension made by a part of the truth to be the whole, must and ought to be protested against; and if a reactionary impulse should make the protestors unjust in their turn, this one - sidedness, like the other, may be lamented, but must be tolerated. If Christians would teach infidels to be just to Christianity, they should themselves be just to infidelity. It can do truth no service to blink the fact, known to all who have the most ordinary acquaintance with literary history, that a large portion of the noblest and most valuable moral teaching has been the work, not only of men who did not know, but of men who knew and rejected, the Christian faith.

I do not pretend that the most unlimited use of the freedom of enunciating all possible opinions would put an end to the evils of religious or philosophical sectarianism. Every truth which men of narrow capacity are in earnest about, is sure to be asserted, inculcated, and in many ways even acted on, as if no other truth existed in the world, or at all events none that could limit or quality the first. I acknowledge that the tendency of all opinions to become sectarian is not cured by the freest discussion, but is often heightened and exacerbated thereby; the truth which ought to have been, but was not, seen, being rejected all the more violently because proclaimed by persons regarded as opponents. But it is not on the impassioned partisan, it is on the calmer and more disinterested bystander, that this collision of opinions works its salutary effect. Not the violent conflict between parts of the truth, but the quiet suppression of half of it, is the formidable evil; there is always hope when people are forced to listen to both sides; it is when they attend only to one that errors harden into prejudices, and truth itself ceases to have the effect of truth, by being exaggerated into falsehood. And since there are few mental attributes more rare than that judicial faculty which can sit in intelligent judgment between two sides of a question, of which only one is represented by an advocate before it, truth has no chance but in proportion as every side of it, every opinion which embodies any fraction of the truth, not only finds advocates, but is so advocated as to be listened to.

We have now recognized the necessity to the mental well - being of mankind (on which all their other well - being depends) of freedom of opinion, and freedom of the expression of opinion, on four distinct grounds; which we will now briefly recapitulate.

First, if any opinion is compelled to silence, that opinion may, for aught we can certainly know, be true. To deny this is to assume our own infallibility.

Secondly, though the silenced opinion be an error, it may, and very commonly does, contain a portion of truth; and since the general or prevailing opinion on any subject is rarely or never the whole truth, it is only by the collision of adverse opinions that the remainder of the truth has any chance of being supplied.

Thirdly, even if the received opinion be not only true, but the whole truth; unless it is suffered to be, and actually is, vigorously and earnestly contested, it will, by most of those who receive it, be held in the manner of a prejudice, with little comprehension or feeling of its rational grounds. And not only this, but, fourthly, the meaning of the doctrine itself will be in danger of being lost, or enfeebled, and deprived of its vital effect oil the character and conduct: the dogma becoming a mere formal profession, inefficacious for good, but cumbering the ground, and preventing the growth of any real and heartfelt conviction, from reason or personal experience.

Before quitting the subject of freedom of opinion, it is fit to take some notice of those who say that the free expression of all opinions should be permitted, on condition that the manner be temperate, and do not pass the bounds of fair discussion. Much might be said on the impossibility of fixing where these supposed bounds are to be placed; for if the test be offence to those whose opinion is attacked, I think experience testifies that this offence is given whenever the attack is telling and powerful, and that every opponent who pushes them hard, and whom they find it difficult to answer, appears to them, if he shows any strong feeling on the subject, an intemperate opponent. But this, though an important consideration in a practical point of view, merges in a more fundamental objection. Undoubtedly the manner of asserting an opinion, even though it be a true one, may be very objectionable, and may justly incur severe censure. But the principal offences of the kind are such as it is mostly impossible, unless by accidental self – betrayal, to bring home to conviction. The gravest of them is, to argue sophistically, to suppress facts or arguments, to misstate the elements of the case, or misrepresent the opposite opinion. But all this, even to the most aggravated degree, is so continually done in perfect good faith, by persons who are not considered, and in many other respects may not deserve to be considered, ignorant or incompetent, that it is rarely possible on adequate grounds conscientiously to stamp the misrepresentation as morally culpable; and still less could law presume to interfere with this kind of controversial misconduct. With regard to what is commonly meant by intemperate discussion, namely invective, sarcasm, personality, and the like, the denunciation of these weapons would deserve more sympathy if it were ever proposed to interdict them equally to both sides; but it is only desired to restrain the employment of them against the prevailing opinion: against the unprevailing they may not only be used without general disapproval, but will be likely to obtain for him who uses them the praise of honest zeal and righteous indignation. Yet whatever mischief arises from their use, is greatest when they are employed against the comparatively defenceless; and whatever unfair advantage can be derived by any opinion from this mode of asserting it, accrues almost exclusively to received opinions. The worst offence of this kind which can be committed by a polemic, is to stigmatise those who hold the contrary opinion as bad and immoral men. To calumny of this sort, those who hold any unpopular opinion are peculiarly exposed, because they are in general few and uninfluential, and nobody but themselves feels much interested in seeing justice done them; but this weapon is, from the nature of the case, denied to those who attack a prevailing opinion: they can neither use it with safety to themselves, nor, if they could, would it do anything but recoil on their own cause. In general, opinions contrary to those commonly received can only obtain a hearing by studied moderation of language, and the most cautious avoidance of unnecessary offence, from which they hardly ever deviate even in a slight degree without losing ground: while unmeasured vituperation employed on the side of the prevailing opinion really does deter people from professing contrary opinions, and from listening to those who profess them. For the interest, therefore, of truth and justice, it is far more important to restrain this employment of vituperative language than the other; and, for example, if it were necessary to choose, there would be much more need to discourage offensive attacks on infidelity than on religion. It is, however, obvious that law and authority have no business with restraining either, while opinion ought, in every instance, to determine its verdict by the circumstances of the individual case; condemning everyone, on whichever side of the argument he places himself, in whose mode of advocacy either want of candour, or malignity, bigotry or intolerance of feeling manifest themselves; but not inferring these vices from the side which a person takes, though it be the contrary side of the question to our own; and giving merited honour to every one, whatever opinion he may hold, who has calmness to see and honesty to state what his opponents and their opinions really are, exaggerating nothing to their discredit, keeping nothing back which tells, or can be supposed to tell, in their favour. This is the real morality of public discussion: and if often violated, I am happy to think that there are many controversialists who to a great extent observe it, and a still greater number who conscientiously strive towards it.

Chapter iii: Of Individuality, as One of the Elements of Well – Being

Such being the reasons which make it imperative that human beings should be free to form opinions, and to express their opinions without reserve; and such the baneful consequences to the intellectual, and through that to the moral nature of man, unless this liberty is either conceded, or asserted in spite of prohibition; let us next examine whether the same reasons do not require that men should be free to act upon their opinions – to carry these out in their lives, without hindrance, either physical or moral, from their fellow - men, so long as it is at their own risk and peril. This last proviso is of course indispensable. No one pretends that actions should be as free as opinions. On the contrary, even opinions lose their immunity when the circumstances in which they are expressed are such as to constitute their expression a positive instigate onto some mischievous act. An opinion that corn - dealers are starvers of the poor, or that private property is robbery, ought to be unmolested when simply circulated through the press, but may justly incur punishment when delivered orally to an excited mob assembled before the house of a corn - dealer, or when handed about among the same mob in the form of placard. Acts of whatever kind, which, without justifiable cause, do harm to others, may be, and in the more important cases absolutely require to be, controlled by the unfavourable sentiments, and, when needful, by the active interference of mankind. The liberty of the individual must be thus far limited; he must not make himself a nuisance to other people. But if he refrains from molesting others in what concerns them, and merely acts according to his own inclination and judgment in things which concern himself, the same reasons which show that opinion should be free, prove also that he should be allowed, without molestation, to carry his opinions into practice at his own cost. That mankind are not infallible; that their truths, for the most part, are only half-truths; that unity of opinion, unless resulting from the fullest and freest comparison of opposite opinions, is not desirable, and diversity not an evil, but a good, until mankind are much more capable than at present of recognizing all sides of the truth, are principles applicable to men's modes of action, not less than to their opinions. As it is useful that while mankind are imperfect there should be different opinions, so is it that there should be different experiments of living; that free scope should be given to varieties of character, short of injury to others; and that the worth of different modes of life should be proved practically, when any one thinks fit to try them. It is desirable, in short, that in things which do not primarily concern others, individuality should assert itself. Where, not the person's own character, but the traditions of customs of other people are the rule of conduct, there is wanting one of the principal ingredients of human happiness, and quite the chief ingredient of individual and social progress.

In maintaining this principle, the greatest difficulty to be encountered does not lie in the appreciation of means towards an acknowledged end, but in the indifference of persons in general to the end itself. If it were felt that the free development of individuality is one of the leading essentials of well-being; that it is not only a co-ordinate element with all that is designated by the terms civilization, instruction, education, culture, but is itself a necessary part and condition of all those things; there would be no danger that liberty should be undervalued, and the adjustment of the boundaries between it and social control would present no extraordinary difficulty. But the evil is, that individual spontaneity is hardly recognized by the common modes of thinking as having any intrinsic worth, or deserving any regard on its own account. The majority, being satisfied with the ways of mankind as they now arc (for it is they who make them what they are), cannot comprehend why those ways should not be good enough for everybody; and what is more, spontaneity forms no part of the ideal of the majority of moral and social reformers, but is rather looked on with jealousy, as a troublesome and perhaps rebellious obstruction to the general acceptance of what these reformers, in their own judgment, think would be best for mankind. Few persons, out of Germany, even comprehend the meaning of the doctrine which Wilhelm Von Humboldt, so eminent both as a savant and as a politician, made the text of a treatise - - that "the end of man, or that which is prescribed by the eternal or immutable dictates of reason, and not suggested by vague and transient desires, is the highest and most harmonious development of his powers to a complete and consistent whole;" that, therefore, the object "towards which every human being must ceaselessly direct his efforts, and on which especially those who design to influence their fellow - - men must ever keep their eyes, is the individuality of power and development ;" that for this there are two requisites, "freedom, and a variety of situations ;" and that from the union of these arise "individual vigour and manifold diversity," which combine themselves in "originality. "①

Little, however, as people are accustomed to a doctrine like that of Von Humboldt, and surprising as it may be to them to find so high a value attached to individuality, the question, one must nevertheless think, can only be one of degree. No one's idea of excellence in conduct is that people should do absolutely nothing but copy one another. No one would assert that people ought not to put into their mode of life, and into the conduct of

① The Sphere and Duties of Government, from the German of Baron Wilhelm von Humboldt, PP. 11, 13.

their concerns, any impress whatever of their own judgment, or of their own individual character. On the other hand, it would be absurd to pretend that people ought to live as if nothing whatever had been known in the world before they came into it; as if experience had as yet done nothing towards showing that one mode of existence, or of conduct, is preferable to another. Nobody denies that people should be so taught and trained in youth as to know and benefit by the ascertained results of human experience. But it is the privilege and proper condition of a human being, arrived at the maturity of his faculties, to use and interpret experience in his own way. It is for him to find out what part of recorded experience is properly applicable to his own circumstances and character. The traditions and customs of other people are, to a certain extent, evidence of what their experience has taught them; presumptive evidence, and as such, have a claim to his deference: but, in the first place, their experience may be too narrow; or they may not have interpreted it rightly. Secondly, their interpretation of experience may be correct, but unsuitable to him. Customs are made for customary characters, and his circumstances or his character may be uncustomary. Thirdly, though the customs be both good as customs, and suitable to him, yet to conform to custom, merely as custom, does not educate or develop in him any of the qualities which are the distinctive endowment of a human being. The human faculties of perception, judgment, discriminative feeling, mental activity, and even moral preference, are exercised only in making a choice. He who does anything because it is the custom, makes no choice. He gains no practice either in discerning or in desiring what is best. The mental and moral, like the muscular powers, are improved only by being used. The faculties are called into no exercise by doing a thing merely because others do it, no more than by believing a thing only because others believe it. If the grounds of an opinion are not conclusive to the person's own reason, his reason cannot be strengthened, but is likely to be weakened, by his adopting it: and if the inducements to an act are not such as are consentaneous to his own feelings and character (where affection, or the rights of others, are not concerned) it is so much done towards rendering his feelings and character inert and torpid, instead of active and energetic.

He who lets the world, or his own portion of it, choose his plan of life for him, has no need of any other faculty than the ape - like one of imitation. He who chooses his plan for himself, employs all his faculties. He must use observation to see, reasoning and judgment to foresee, activity to gather materials for decision, discrimination to decide, and when he has decided, firmness and self - control to bold to his deliberate decision. And these qualities he requires and exercises exactly in proportion as the part of his conduct which he determines according to his own judgment and feelings is a large one. It is possible that he might be guided in some good path, and kept out of harm's way, without any of these things. But what will be his comparative worth as a human being? It really is of importance, not only what men do, but also what manner of men they are that do it. Among the works of man, which human life is rightly employed in perfecting and beautifying, the first in importance surely is man himself. Supposing it were possible to get houses built, corn grown, battles fought, causes tried, and even churches erected and prayers said, by machinery - - by automatons in human form - it would be a considerable loss to exchange for these automatons even the men and women who at present inhabit the more civilized parts of the world, and who assuredly are but starved specimens of what nature can and will produce. Human nature is not a machine to be built after a model, and set to do exactly the work prescribed for it, but a tree, which requires to grow and develop itself on all sides, according to the tendency of the inward forces which make it a living thing.

It will probably be conceded that it is desirable people should exercise their understandings, and that an intelligent following of custom, or even occasionally an intelligent deviation from custom, is better than a blind and simply mechanical adhesion to it. To a certain extent it is admitted, that our understanding should be our own: but there is not the same willingness to admit that our desires and impulses should be our own likewise; or that to possess impulses of our own, and of any strength, is anything but a peril and a snare. Yet desires and impulses are as much a part of a perfect human being, as beliefs and restraints: and strong impulses are only perilous when not properly balanced; when one set of aims and inclinations is developed into strength, while others, which ought to co – exist with them, remain weak and inactive. It is not because men's desires are strong that they act ill; it is because their consciences are weak. There is no natural connection between strong impulses and a weak conscience. The natural connection is the other way. To say that one person's desires and feelings are stronger and more various than those of another, is merely to say that he has more of the raw material of human nature, and is therefore capable, perhaps of more evil, but certainly of more good. Strong impulses are but another name for energy. Energy may be turned to bad uses; but more good may always be made of an energetic nature, than of an indolent and impassive one. Those who have most natural feeling, are always those whose cultivated feelings may be made the strongest. The same strong susceptibilities which make the personal impulses vivid and powerful, are also the source from whence are generated the most passionate love of virtue, and the sternest self – control. it is through the cultivation of these that society both does its duty and protects its interests: not by rejecting the stuff of which heroes are made, because it knows not how to make them. A person whose desires and impulses are his own - - are the expression of his own nature, as it has been developed and modified by his own culture - - is said to have a character. One whose desires and impulses are not his own, has no character, no more than a steam - engine has a character. If, in addition to being his own, his impulses are strong, and are under the government of a strong will, he has an energetic character. Whoever thinks that individuality of desires and impulses should not be encouraged to unfold itself, must maintain that society has no need of strong natures - - is not the better for containing many persons who have much character - - and that a high general average of energy is not desirable.

In some early states of society, these forces might be, and were, too much ahead of the power which society then possessed of disciplining and controlling them. There has been a time when the element of spontaneity and individuality was in excess, and the social principle had a hard struggle with it. The difficulty then was, to induce men of strong bodies or minds to pay obedience to any rules which required them to control their impulses. To overcome this difficulty, law and discipline, like the Popes struggling against the Emperors, asserted a power over the whole man, claiming to control all his life in order to control his character - - which society had not found any other sufficient means of binding. But society has now fairly got the better of individuality; and the danger which threatens human nature is not the excess, but the deficiency, of personal impulses and preferences. Things are vastly changed, since the passions of those who were strong by station or by personal endowment were in a state of habitual rebellion against laws and ordinances, and required to be rigorously chained up to enable the persons within their reach to enjoy any particle of security. In our times, from the highest class of society down to the lowest, every one lives as under the eye of a hostile and dreaded censorship. Not only in what concerns others, but in what concerns only themselves, the individual or the family do not ask themselves – – what do I prefer? or, what would suit my character and disposition? or, what would allow the best and highest in me to have fair play, and enable it to grow and thrive? They ask themselves, what is suitable to my position? what is usually done by persons of my station and pecuniary circumstances? or (worse still) what is usually done by persons of a station and circumstances superior to mine? I do not mean that they choose what is customary, in preference to what suits their own inclination. It does not occur to them to have any inclination, except for what is customary. Thus the mind itself is bowed to the yoke: even in what people do for pleasure, conformity is the first thing thought of; they like in crowds; they exercise choice only among things commonly done: peculiarity of taste, eccentricity of conduct, are shunned equally with crimes: until by dint of not following their own nature, they have no nature to follow: their human capacities are withered and starved: they become incapable of any strong wishes or native pleasures, and are generally without either opinions or feelings of home growth, or properly their own. Now is this, or is it not, the desirable condition of human nature?

It is so, on the Calvinistic theory. According to that, the one great offence of man is self – will. All the good of which humanity is capable is comprised in obedience. You have no choice; thus you must do, and no otherwise: "whatever is not a duty, is a sin." Human nature being radically corrupt, there is no redemption for any one until human nature is killed within him. To one holding this theory of life, crushing out any of the human faculties, capacities, and susceptibilities, is no evil: man needs no capacity, but that of surrendering himself to the will of God: and if he uses any of his faculties for any other purpose but to do that supposed will more effectually, he is better without them. This is the theory of Calvinism; and it is held, in a mitigated form, by many who do not consider themselves Calvinists; the mitigation consisting in giving a less ascetic interpretation to the alleged will of God ; asserting it to be his will that mankind should gratify some of their inclinations; of course not in the manner they themselves prefer, but in the way of obedience, that is, in a way prescribed to them by authority; and, therefore, by the necessary conditions of the case, the same for all.

In some such insidious form there is at present a strong tendency to this narrow theory of life, and to the pinched and hidebound type of human character which it patronizes. Many persons, no doubt, sincerely think that human beings thus cramped and dwarfed, areas their Maker designed them to be; just as many have thought that trees are a much finer thing when clipped into pollards, or cut out into figures of animals, than as nature made them. But if it be any part of religion to believe that man was made by a good Being, it is more consistent with that faith to believe that this Being gave all human faculties that they might be cultivated and unfolded, not rooted out and consumed, and that he takes delight in every nearer approach made by his creatures to the ideal conception embodied in them, every increase in any of their capabilities of comprehension, of action, or of enjoyment. There is a different type of human excellence from the Calvinistic; a conception of humanity as having its nature bestowed on it for other purposes than merely to be abnegated. "Pagan self - assertion" is one of the elements of human worth, as well as "Christian self - denial." There is a Greek ideal of self - development, which the Platonic and Christian ideal of self - government blends with, but does not supersede. It may be better to be a John Knox than an Alcibiades, but it is better to be a Pericles than either; nor would a Pericles, if we had one in these days, be without anything good which belonged to John Knox.

It is not by wearing down into uniformity all that is individual in themselves, but by cultivating it, and calling it forth, within the limits imposed by the rights and interests of others, that human beings become a noble and beautiful object of contemplation; and as the works partake the character of those who do them, by the same process human life also becomes rich, diversified, and animating, furnishing more abundant aliment to high thoughts and elevating feelings, and strengthening the tie which binds every individual to the race, by making the race infinitely better worth belonging to. In proportion to the development of his individuality, each person becomes more valuable to himself, and is therefore capable of being more valuable to others. There is a greater fullness of life about his own existence, and when there is more life in the units there is more in the mass which is composed of them. As much compression as is necessary to prevent the stronger specimens of human nature from encroaching on the rights of others, cannot be dispensed with;

but for this there is ample compensation even in the point of view of human development. The means of development which the individual loses by being prevented from gratifying his inclinations to the injury of others, are chiefly obtained at the expense of the development of other people. And even to himself there is a full equivalent in the better development of the social part of his nature, rendered possible by the restraint put upon the selfish part. To be held to rigid rules of justice for the sake of others, develops the feelings and capacities which have the good of others for their object. But to be restrained in things not affecting their good, by their mere displeasure, develops nothing valuable, except such force of character as may unfold itself in resisting the restraint. If acquiesced in, it dulls and blunts the whole nature. To give any fair play to the nature of each, it is essential that different persons should be allowed to lead different lives. In proportion as this latitude has been exercised in any age, has that age been noteworthy to posterity. Even despotism does not produce its worst effects, so long as individuality exists under it; and whatever crushes individuality is despotism, by whatever name it may be called, and whether it professes to be enforcing the will of God or the injunctions of men.

Having said that individuality is the same thing with development, and that it is only the cultivation of individuality which produces, or can produce, well - developed human beings, I might here close the argument : for what more or better can be said of any condition of human affairs than that it brings human beings themselves nearer to the best thing they can be? or what worse can be said of any obstruction to good than that it prevents this? Doubtless, however, these considerations will not suffice to convince those who most need convincing; and it is necessary further to show, that these developed human beings are of some use to the undeveloped - - to point out to those who do not desire liberty, and would not avail themselves of it, that they may be in some intelligible manner rewarded for allowing other people to make use of it without hindrance.

In the first place, then, I would suggest that they might possibly learn something from them. It will not be denied by anybody, that originality is a valuable element in human affairs. There is always need of persons not only to discover new truths, and point out when what were once truths are true no longer, but also to commence new practices, and set the example of more enlightened conduct, and better taste and sense in human life. This cannot well be gainsaid by anybody who does not believe that the world has already attained perfection in all its ways and practices. It is true that this benefit is not capable of being rendered by everybody alike: there are but few persons, in comparison with the whole of mankind, whose experiments, if adopted by others, would be likely to be any improvement on established practice. But these few are the salt of the earth; without them, human life would become a stagnant pool. Not only is it they who introduce good things which did not before exist; it is they who keep the life in those which already existed. If there were nothing new to be done, would human intellect cease to be necessary? Would it be a reason why those who do the old things should forget why they are done, and do them like cattle, not like human beings? There is only too great a tendency in the best beliefs and practices to degenerate into the mechanical; and unless there were a succession of persons whose ever – recurring originality prevents the grounds of those beliefs and practices from becoming merely traditional, such dead matter would not resist the smallest shock from anything really alive, and there would be no reason why civilization should not die out, as in the Byzantine Empire. Persons of genius, it is true, are, and are always likely to be, a small minority; but in order to have them, it is necessary to preserve the soil in which they grow. Genius can only breathe freely in an atmosphere of freedom. Persons of genius are, ex vi termini, more individual than any other people – less capable, consequently, of fitting themselves, without hurtful compression, into any of the small number of moulds which society provides in order to save its members the trouble of forming their own character. If from timidity they consent to be forced into one of these moulds, and to let all that part of themselves which cannot expand under the pressure remain unexpanded, society will be little the better for their genius. If they are of a strong character, and break their fetters, they become a mark for the society which has not succeeded in reducing them to commonplace, to point at with solemn warning as "wild," "erratic," and the like; much as if one should complain of the Niagara river for not flowing smoothly between its banks like a Dutch canal.

I insist thus emphatically on the importance of genius, and the necessity of allowing it to unfold itself freely both in thought and in practice, being well aware that no one will deny the position in theory, but knowing also that almost every one, in reality, is totally indifferent to it. People think genius a fine thing if it enables a man to write an exciting poem, or paint a picture. But in its true sense, that of originality in thought and action, though no one says that it is not a thing to be admired, nearly all, at heart, think that they can do very well without it. Unhappily this is too natural to be wondered at. Originality is the one thing which unoriginal minds cannot feel the use of. They cannot see what it is to do for them: how should they? If they could see what it would do for them, it would not be originality. The first service which originality has to render them, is that of opening their eyes: which being once fully done, they would have a chance of being themselves original. Meanwhile, recollecting that nothing was ever yet done which some one was not the first to do, and that all good things which exist are the fruits of originality, let them be modest enough to believe that there is something still left for it to accomplish, and assure themselves that they are more in need of originality, the less they are conscious of the want.

In sober truth, whatever homage may be professed, or even paid, to real or supposed mental superiority, the general tendency of things throughout the world is to render mediocrity the ascendant power among mankind. In ancient history, in the Middle Ages, and in a diminishing degree through the long transition from feudality to the present time, the individual was a power in himself; and if he had either great talents or a high social position, he was a considerable power. At present individuals are lost in the crowd. In politics it is almost a triviality to say that public opinion now rules the world. The only power deserving the name is that of masses, and of governments while they make themselves the organ of the tendencies and instincts of masses. This is as true in the moral and social relations of private life as in public transactions. Those whose opinions go by the name of public opinion are not always the same sort of public: in America they are the whole white population ; in England, chiefly the middle class. But they are always a mass, that is to say, collective mediocrity. And what is a still greater novelty, the mass do not now take their opinions from dignitaries in Church or State, from ostensible leaders, or from books. Their thinking is done for them by men much like themselves, addressing them or speaking in their name, on the spur of the moment, through the newspapers. I am not complaining of all this. I do not assert that anything better is compatible, as a general rule, with the present low state of the human mind. But that does not hinder the government of mediocrity from being mediocre government. No government by a democracy or a numerous aristocracy, either in its political acts or in the opinions, qualities, and tone of mind which it fosters, ever did or could rise above mediocrity, except in so far as the sovereign Many have let themselves be guided (which in their best times they always have done) by the counsels and influence of a more highly gifted and instructed One or Few. The initiation of all wise or noble things, comes and must come from individuals; generally at first from some one individual. The honour and glory of the average man is that he is capable of following that initiative; that he can respond internally to wise and noble things, and be led to them with his eyes open. I am not countenancing the sort of "hero – worship" which applauds the strong man of genius for forcibly seizing on the government of the world and making it do his bidding in spite of itself. All he can claim is, freedom to point out the way. The power of compelling others into it, is not only inconsistent with the freedom and development of all the rest, but corrupting to the strong man himself. It does seem, however, that when the opinions of masses of merely average men are everywhere become or becoming the dominant power, the counterpoise and corrective to that tendency would be the more and more pronounced individuality of those who stand on the higher eminences of thought. It is in these circumstances most especially, that exceptional individuals, instead of being deterred, should be encouraged in acting differently from the mass. In other times there was no advantage in their doing so, unless they acted not only differently but better. In this age, the mere example of non - conformity, the mere refusal to bend the knee to custom, is itself a service. Precisely because the tyranny of opinion is such as to make eccentricity a reproach, it is desirable, in order to break through that tyranny, that people should be eccentric. Eccentricity has always abounded when and where strength of character has abounded; and the amount of eccentricity in a society has generally been proportional to the amount of genius, mental vigour, and moral courage which it contained. That so few now dare to be eccentric marks the chief danger of the time.

I have said that it is important to give the freest scope possible to uncustomary things, in order that it may in time appear which of these are fit to be converted into customs. But independence of action, and disregard of custom, are not solely deserving of encouragement for the chance they afford that better modes action, and customs more worthy of general adoption, may be struck out ; nor is it only persons of decided mental superiority who have a just claim to carry on their lives in their own way. There is no reason that all human existence should be constructed on some one or some small number of patterns. If a person possesses any tolerable amount of common sense and experience, his own mode of laying out his existence is the best, not because it is the best in itself, but because it is his own mode. Human beings are not like sheep; and even sheep are not undistinguishably alike. A man cannot get a coat or a pair of boots to fit him unless they are either made to his measure, or he has a whole warehouseful to choose from: and is it easier to fit him with a life than with a coat, or are human beings more like one another in their whole physical and spiritual conformation than in the shape of their feet? If it were only that people have diversities of taste, that is reason enough for not attempting to shape them all after one model. But different persons also require different conditions for their spiritual development; and can no more exist healthily in the same moral, than all the variety of plants can in the same physical, atmosphere and climate. The same things which are helps to one person towards the cultivation of his higher nature, are hindrances to another. The same mode of life is a healthy excitement to one, keeping all his faculties of action and enjoyment in their best order, while to another it is a distracting burthen, which suspends or crushes all internal life. Such are the differences among human beings in their sources of pleasure, their susceptibilities of pain, and the operation on them of different physical and moral agencies, that unless there is a corresponding diversity in their modes of life, they neither obtain their fair share of happiness, nor grow up to the mental, moral, and aesthetic stature of which their nature is capable. Why then should tolerance, as far as the public sentiment is concerned, extend only to tastes and modes of life which extort acquiescence by the multitude of their adherents? Nowhere (except in some monastic institutions) is diversity of taste entirely unrecognised; a person may, without blame, either like or dislike rowing, or smoking, or music, or athletic exercises, or chess, or cards, or study, because both those who like each of these things, and those who dislike them, are too numerous to be put down. But the man, and still more the woman, who can be accused either of doing "what nobody does," or of not doing "what everybody does," is the subject of as much depreciatory remark as if he or she had committed some grave moral delinquency. Persons require to possess a title, or some other badge of rank, or of the consideration of people of rank, to be able to indulge somewhat in the luxury of doing as they like without detriment to their estimation. To indulge somewhat, I repeat: for whoever allow themselves much of that indulgence, incur the risk of something worse than disparaging speeches—they are in peril of a commission de lunatico, and of having their property taken from them and given to their relations.

There is one characteristic of the present direction of public opinion, peculiarly calculated to make it intolerant of any marked demonstration of individuality. The general average of mankind are not only moderate in intellect, but also moderate in inclinations: they have no tastes or wishes strong enough to incline them to do anything unusual, and they consequently do not understand those who have, and class all such with the wild and intemperate whom they are accustomed to look down upon. Now, in addition to this fact which is general, we have only to suppose that a strong movement has set in towards the improvement of morals, and it is evident what we have to expect. In these days such a movement has set in; much has actually been effected in the way of increased regularity of conduct and discouragement of excesses; and there is a philanthropic spirit abroad, for the exercise of which there is no more inviting field than the moral and prudential improvement of our fellow creatures. These tendencies of the times cause the public to be more disposed than at most former periods to prescribe general rules of conduct, and endeavour to make every one conform to the approved standard. And that standard, express or tacit, is to desire nothing strongly. Its ideal of character is to be without any marked character; to maim by compression, like a Chinese lady's foot, every part of human nature which stands out prominently, and tends to make the person markedly dissimilar in outline to commonplace humanity.

As is usually the case with ideals which exclude one – half of what is desirable, the present standard of approbation produces only an inferior imitation of the other half. Instead of great energies guided by vigorous reason, and strong feelings strongly controlled by a conscientious will, its result is weak feelings and weak energies, which therefore can be kept in outward conformity to rule without any strength either of will or of reason. Already energetic characters on any large scale are becoming merely traditional. There is now scarcely any outlet for energy in this country except business. The energy expended in this may still be regarded as considerable. What little is left from that employment, is expended on some hobby; which may be a useful, even a philanthropic hobby, but is always some one thing, and generally a thing of small dimensions. The greatness of England is now all collective: individually small, we only appear capable of anything great by our habit of combining; and with this our moral and religious philanthropists are perfectly contented. But it was men of another stamp than this that made England what it has been; and men of another stamp will be needed to prevent its decline.

The despotism of custom is everywhere the standing hindrance to human advancement, being in unceasing antagonism to that disposition to aim at something better than customary, which is called, according to circumstances, the spirit of liberty, or that of progress or improvement. The spirit of improvement is not always a spirit of liberty, for it may aim at forcing improvements on an unwilling people; and the spirit of liberty, in so far as it resists such attempts, may ally itself locally and temporarily with the opponents of improvement; but the only unfailing and permanent source of improvement is liberty, since by it there are as many possible independent centres of improvement as there are individuals. The progressive principle, however, in either shape, whether as the love of liberty or of improvement, is antagonistic to the sway of Custom, involving at least emancipation from that yoke; and the contest between the two constitutes the chief interest of the history of mankind. The greater part of the world has, properly speaking, no history, be cause the despotism of Custom is complete. This is the case over the whole East. Custom is there, in all things, the final appeal; justice and right mean conformity to custom; the argument of custom no one, unless tyrant intoxicated with power, thinks of resisting. And we see the result. Those nations must once have had originality; they did not start out of the ground populous, lettered, and versed in many of the arts of life; they made themselves all this, and were then the greatest and most powerful nations of the world. What are they now? The subjects or dependents of tribes whose forefathers wandered in the forests when theirs had magnificent palaces and gorgeous temples, but over whom custom exercised only a divided rule with liberty and progress. A people, it appears, may be progressive for a certain length of time, and then stop: when does it stop? When it ceases to possess individuality. If a similar change should befall the nations of Europe, it will not be in exactly the same shape: the despotism of custom with which these nations are threatened is not precisely stationariness. It proscribes singularity, but it does not preclude change, provided all change together. We have discarded the fixed costumes of our forefathers; every one must still dress like other people, but the fashion may change once or twice a year. We thus take care that when there is change, it shall be for change's sake, and not from any idea of beauty or convenience; for the same idea of beauty or convenience would not strike all the world at the same moment, and be simultaneously thrown aside by all at another moment. But we are progressive as well as changeable: we continually make new inventions in mechanical things, and keep them until they are again superseded by better; we are eager for improvement in politics, in education, even in morals, though in this last our idea of improvement chiefly consists in persuading or forcing other people to be as good as ourselves. It is not progress that we object to; on the contrary, we flatter ourselves that we are the most progressive people who ever lived. It is individuality that we war against: we should think we had done wonders if we had made ourselves all alike; forgetting that the unlikeness of one person to another is generally the first thing which draws the attention of either to the imperfection of his own type, and the superiority of another, or the possibility, by combining the advantages of both, of producing something better than either. We have a warning example in China —a nation of much talent, and, in some respects, even wisdom, owing to the rare good fortune of having been provided at an early period with a particularly good set of customs, the work, in some measure, of men to whom even the most enlightened European must accord, under certain limitations, the title of sages and philosophers. They are remarkable, too, in the excellence of their apparatus for impressing, as far as possible, the best wisdom they possess upon every mind in the community, and securing that those who have appropriated most of it shall occupy the posts of honour and power. Surely the people who did this have discovered the secret of human progressiveness, and must have kept themselves steadily at the head of the movement of the world. On the contrary, they have become stationary ——have remained so for thousands of years; and if they are ever to be farther improved, it must be by foreigners. They have succeeded beyond all hope in what English philanthropists are so industriously working at—in making a people all alike, all governing their thoughts and conduct by the same maxims and rules ; and these are the fruits. The modern regime of public opinion is, in an unorganized form, what the Chinese educational and political systems are in an organized; and unless individuality shall be able successfully to assert itself against this yoke, Europe, notwithstanding its noble antecedents and its professed Christianity, will tend to become another China.

What is it that has hitherto preserved Europe from this lot? What has made the European family of nations an improving, instead of a stationary portion of mankind? Not any superior excellence in them, which, when it exists, exists as the effect not as the cause; but their remarkable diversity of character and culture. Individuals, classes, nations, have been extremely unlike one another: they have struck out a great variety of paths, each leading to something valuable ; and although at every period those who travelled in different paths have been intolerant of one another, and each would have thought it an excellent thing if all the rest could have been compelled to travel his road, their attempts to thwart each other's development have rarely had any permanent success, and each has in time endured to receive the good which the others have offered. Europe is, in my judgment, wholly indebted to this plurality of paths for its progressive and many - sided development. But it already begins to possess this benefit in a considerably less degree. It is decidedly advancing towards the Chinese ideal of making all people alike. M. de Tocqueville, in his last important work, remarks how much more the Frenchmen of the present day resemble one another, than did those even of the last generation. The same remark might be made of Englishmen in a far greater degree. In a passage already quoted from Wilhelm von Humboldt, he points out two things as necessary conditions of human development, because necessary to render people unlike one another; namely, freedom, and variety of situations. The second of these two conditions is in this country every day diminishing. The circumstances which surround different classes and individuals, and shape their characters, are daily becoming more assimilated. Formerly, different ranks, different neighbourhoods, different trades and professions, lived in what might be called different worlds; at present, to a great degree in the same. Comparatively speaking, they now read the same things, listen to the same things, see the same things, go to the same places, have their hopes and fears directed to the same objects, have the same rights and liberties, and the same means of asserting them. Great as are the differences of position which remain, they are nothing to those which have ceased. And the assimilation is still proceeding. All the political changes of the age promote it, since they all tend to raise the low and to lower the high. Every extension of education promotes it, because education brings people under common influences, and gives them access to the general stock of facts and sentiments. Improvements in the means of communication promote it, by bringing the inhabitants of distant places into personal contact, and keeping up a rapid flow of changes of residence between one place and another. The increase of commerce and manufactures promotes it, by diffusing more widely the advantages of easy circumstances, and opening all objects of ambition, even the highest, to general competition, whereby the desire of rising becomes no longer the character of a particular class, but of all classes. A more powerful agency than even all these, in bringing about at general similarity among mankind, is the complete establishment, in this and other free countries, of the ascendancy of public opinion in the State. As the various social eminences which enabled persons entrenched on them to disregard the opinion of the multitude, gradually become levelled; as the very idea of resisting the will of the public, when it is positively known that they have a will, disappears more and more from the minds of practical politicians; there ceases to be any social support for nonconformity—any substantive power in society, which, itself opposed to the ascendancy of numbers, is interested in taking under its protection opinions and tendencies at variance with those of the public.

The combination of all these causes forms so great a mass of influences hostile to Individuality, that it is not easy to see how it can stand its ground. It will do so with increasing difficulty, unless the intelligent part of the public can be made to feel its value—to see that it is good there should be differences, even though not for the better, even though, as it may appear to them, some should be for the worse. If the claims of Individuality are ever to be asserted, the time is now, while much is still wanting to complete the enforced assimilation. It is only in the earlier stages that any stand can be successfully made against the encroachment. The demand that all other people shall resemble ourselves grows by what it feeds on. If resistance waits till life is reduced nearly to one uniform type, all deviations from that type will come to be considered impious, immoral, even monstrous and contrary to nature. Mankind speedily become unable to conceive diversity, when they have been for some time unaccustomed to see it.

Chapter IV: Of the Limits to the Authority of Society over the Individual

What, then, is the rightful limit to the sovereignty of the individual over himself? Where does the authority of society begin? How much of human life should be assigned to individuality, and how much to society?

Each will receive its proper share, if each has that which more particularly concerns it. To individuality should belong the part of life in which it is chiefly the individual that is interested; to society, the part which chiefly interests society.

Though society is not founded on a contract, and though no good purpose is answered by inventing a contract in order to deduce social obligations from it, every one who receives the protection of society owes a return for the benefit, and the fact of living in society renders it indispensable that each should be bound to observe a certain line of conduct towards the rest. This conduct consists first, in not injuring the interests of one another; or rather certain interests, which, either by express legal provision or by tacit understanding, ought to be considered as rights; and secondly, in each person's bearing his share (to be fixed on some equitable principle) of the labours and sacrifices incurred for defending the society or its members from injury and molestation. These conditions society is justified in enforcing, at all costs to those who endeavour to withhold fulfilment. Nor is this all that society may do. The acts of an individual may be hurtful to others, or wanting in due consideration for their welfare, without going the length of violating any of their constituted rights. The offender may then be justly punished by opinion, though not by law. As soon as any part of a person's conduct affects prejudicially the interests of others, society has jurisdiction over it, and the question whether the general welfare will or will not be promoted by interfering with it, becomes open to discussion. But there is no room for entertaining any such question when a person's conduct affects the interests of no persons besides himself, or needs not affect them unless they like (all the persons concerned being of full age, and the ordinary amount of understanding). In all such cases there should be perfect freedom, legal and social, to do the action and stand the consequences.

It would be a great misunderstanding of this doctrine to suppose that it is one of selfish indifference, which pretends that human beings have no business with each other's conduct in life, and that they should not concern themselves about the well – doing or well – being of one another, unless their own interest is involved. Instead of any diminution, there is need of a great increase of disinterested exertion to promote the good of others. But disinterested benevolence can find other instruments to persuade people to their good than whips and scourges, either of the literal or the metaphorical sort. I am the last person to undervalue the self – regarding virtues; they are only second in importance, if even second, to the social. It is equally the business of education to cultivate both. But even education works by conviction and persuasion as well as by compulsion, and it is by the former only that, when the period of education is passed, the self – regarding virtues should be inculcated. Human beings owe to each other help to distinguish the better from the worse, and encouragement to choose the former and avoid the latter. They should be for ever stimulating each other to increased exercise of their higher faculties, and increased direction of their feelings and aims towards wise instead of foolish, elevating instead of degrading, objects and contemplations. But neither one person, nor any number of persons, is warranted in saying to another human creature of ripe years, that he shall not do with his life for his own benefit what he chooses to do with it. He is the person most interested in his own well –

being : the interest which any other person, except in cases of strong personal attachment, can have in it, is trifling, compared with that which he himself has; the interest which society has in him individually (except as to his conduct to others) is fractional, and altogether indirect; while with respect to his own feelings and circumstances, the most ordinary man or woman has means or knowledge immeasurably surpassing those that can be possessed by anyone else. The interference of society to overrule his judgment and purposes in what only regards himself must be grounded on general presumptions; which may be altogether wrong, and even it right, are as likely as not to be misapplied to individual cases, by persons no better acquainted with the circumstances of such cases than those are who look at them merely from without. In this department, therefore, of human affairs, Individuality has its proper field of action. In the conduct of human beings towards one another it is necessary that general rules should for the most part be observed, in order that people may know what they have to expect; but in each person's own concerns, his individual spontaneity is entitled to free exercise. Considerations to aid his judgment, exhortations to strengthen his will, may be offered to him, even obtruded on him, by others; but he himself is the final judge. All errors which he is likely to commit against advice and warning, are far outweighed by the evil of allowing others to constrain him to what they deem his good.

I do not mean that the feelings with which a person is regarded by others ought not to be in any way affected by his self – regarding qualities or deficiencies. This is neither possible nor desirable. If he is eminent in any of the qualities which conduce to his own good, he is, so far, a proper object of admiration. He is so much the nearer to the ideal perfection of human nature. If he is grossly deficient in those qualities, a sentiment the opposite of admiration will follow. There is a degree of folly, and a degree of what may be called (though the phrase is not unobjectionable) lowness or depravation of taste, which, though it cannot justify doing harm to the person who manifests it, renders him necessarily and properly a subject of distaste, or, in extreme cases, even of contempt: a person could not have the opposite qualities in due strength without entertaining these feelings. Though doing no wrong to any one, a person may so act as to compel us to judge him, and feel to him, as a fool, or as a being of an inferior order: and since this judgment and feeling are a fact which he would prefer to avoid, it is doing him a service to warn him of it beforehand, as of any other disagreeable consequence to which he exposes himself. It would be well, indeed, if this good office were much more freely rendered than the common notions of politeness at present permit, and if one person could honestly point out to another that he thinks him in fault, without being considered unmannerly or presuming. We have a right, also, in various ways, to act upon our unfavourable opinion of any one, not to the oppression of his individuality, but in the exercise of ours. We are not bound, for example, to seek his society; we have a right to avoid it (though not to parade the avoidance), for we have a right to choose the society most acceptable to us. We have a right, and it may be our duty, to caution others against him, if we think his example or conversation likely to have a pernicious effect on those with whom he associates. We may give others a preference over him in optional good offices, except those which tend to his improvement. In these various modes a person may suffer very severe penalties at the hands of others for faults which directly concern only himself; but he suffers these penalties only in so far as they are the natural, and, as it were, the spontaneous consequences of the faults themselves, not because they are purposely inflicted on him for the sake of punishment. A person who shows rashness, obstinacy, selfconceit—who cannot live within moderate means —who cannot restrain himself from hurtful indulgences—who pursues animal pleasures at the expense of those of feeling and intellect – must expect to be lowered in the opinion of others, and to have a less share of their favourable sentiments; but of this he has no right to complain, unless he has merited their favour by special excellence in his social relations, and has thus established a title to their good offices, which is not affected by his demerits towards himself.

What I contend for is, that the inconveniences which are strictly inseparable from the unfavourable judgment of others, are the only ones to which a person should ever be subjected for that portion of his conduct and character which concerns his own good, but which does not affect the interests of others in their relations with him. Acts injurious to others require a totally different treatment. Encroachment on their rights; infliction on them of any loss or damage not justified by his own rights; falsehood or duplicity in dealing with them; unfair or ungenerous use of advantages over them; even selfish abstinence from defending them against injury—these are fit objects of moral reprobation, and, in grave cases, of moral retribution and punishment. And not only these acts, but the dispositions which lead to them, are properly immoral, and fit subjects of disapprobation which may rise to abhorrence. Cruelty of disposition; malice and ill – nature; that most anti – social and odious of all passions, envy; dissimulation and insincerity, irascibility on insufficient cause, and resentment disproportioned to the provocation; the love of domineering over others; the desire to engross more than one's share of advantages the pleonexia of the Greeks ; the pride which derives gratification from the abasement of others; the egotism which thinks self and its concerns more important than everything else, and decides all doubtful questions in its own favour; – – these are moral vices, and constitute a bad and odious moral character: unlike the self –

regarding faults previously mentioned, which are not properly immoralities, and to whatever pitch they may be carried, do not constitute wickedness. They may be proofs of any amount of folly, or want of personal dignity and self – respect; but they are only a subject of moral reprobation when they involve a breach of duty to others, for whose sake the individual is bound to have care for himself. What are called duties to ourselves are not socially obligatory, unless circumstances render them at the same time duties to others. The term duty to oneself, when it means anything more than prudence, means self – respect or sell – development; and for none of these is any one accountable to his fellow creatures, because for none of them is it for the good of mankind that he be held accountable to them.

The distinction between the loss of consideration which a person may rightly incur by defect of prudence or of personal dignity, and the reprobation which is due to him for an offence against the rights of others, is not a merely nominal distinction. It makes a vast difference both in our feelings and in our conduct towards him whether he displeases us in things in which we think we have a right to control him, or in things in which we know that we have not. If he displeases us, we may express our distaste, and we may stand aloof from a person as well as from a thing that displeases us; but we shall not therefore feel called on to make his life uncomfortable. We shall reflect that he already bears, or will bear, the whole penalty of his error; if he spoils his life by mismanagement, we shall not, for that reason, desire to spoil it still further: instead of wishing to punish him, we shall rather endeavour to alleviate his punishment, by showing him how he may avoid or cure the evils his conduct tends to bring upon him. He may be to us an object of pity, perhaps of dislike, but not of anger or resentment; we shall not treat him like an enemy of society: the worst we shall think ourselves justified in doing is leaving him to himself, if we do not interfere benevolently by showing interest or concern for him. It is far otherwise if he has infringed the rules necessary for the protection of his fellow creatures, individually or collectively. The evil consequences of his acts do not then fall on himself, but on others; and society, as the protector of all its members, must retaliate on him; must inflict pain on him for the express purpose of punishment, and must take care that it be sufficiently severe. In the one case, he is an offender at our bar, and we are called on not only to sit in judgment on him, but, in one shape or another, to execute our own sentence: in the other case, it is not our part to inflict any suffering on him, except what may incidentally follow from our using the same liberty in the regulation of our own affairs, which we allow to him in his.

The distinction here pointed out between the part of a person's life which concerns only himself, and that which concerns others, many persons will refuse to admit. How (it may be asked) can any part of the conduct of a member of society be a matter of indifference to the other members? No person is an entirely isolated being; it is impossible for a person to do anything seriously or permanently hurtful to himself, without mischief reaching at least to his near connections, and often far beyond them. If he injures his property, he does harm to those who directly or indirectly derived support from it, and usually diminishes, by a greater or less amount, the general resources of the community. If he deteriorates his bodily or mental faculties, he not only brings evil upon all who depended on him for any portion of their happiness, but disqualifies himself lot rendering the services which he owes to his fellow creatures generally; perhaps becomes a burthen on their affection or benevolence ; and if such conduct were very frequent, hardly any offence that is committed would detract more from the general sum of good. Finally, if by his vices or follies a person does no direct harm to others, he is nevertheless (it may be said) injurious by his example; and ought to be compelled to control himself, for the sake of those whom the sight or knowledge of his conduct might corrupt or mislead.

And even (it will be added) if the consequences of misconduct could be confined to the vicious or thoughtless individual, ought society to abandon to their own guidance those who are manifestly unfit for it? If protection against themselves is confessedly due to children and persons under age, is not society equally bound to afford it to persons of mature years who are equally incapable of self – government? If gambling, or drunkenness, or incontinence, or idleness, or uncleanliness, are as injurious to happiness, and as great a hindrance to improvement, as many or most of the acts prohibited by law, why (it may be asked) should not law, so far as is consistent with practicability and social convenience, endeavour to repress these also? And as a supplement to the unavoidable imperfections of law, ought not opinion at least to organize a powerful police against these vices, and visit rigidly with social penalties those who are known to practise them? There is no question here (it may be said) about restricting individuality, or impeding the trial of new and original experiments in living. The only things it is sought to prevent are things which have been tried and condemned from the beginning of the world until now; things which experience has shown not to be useful or suitable to any person's individuality. There must be some length of time and amount of experience, after which a moral or prudential truth may be regarded as established: and it is merely desired to prevent generation after generation from falling over the same precipice which has been fatal to their predecessors.

I fully admit that the mischief which a person does to himself may seriously affect, both through their sympathies and their interests, those nearly connected with him and, in a minor degree, society at large. When, by conduct of this sort, a person is led to violate a distinct and assignable obligation to any other person or persons, the case is taken out of the self – regarding class, and becomes amenable to moral disapprobation in the proper sense of the term. If, for example, a man, through intemperance or extravagance, becomes unable to pay his debts, or, having undertaken the moral responsibility of a family, becomes from the same cause incapable of supporting or educating them, he is deservedly reprobated, and might be justly punished; but it is for the breach of duty to his family or creditors, not for the extravagance. If the resources which ought to have been devoted to them, had been diverted from them for the most prudent investment, the moral culpability would have been the same. George Barnwell murdered his uncle to get money for his mistress, but if he had done it to set himself up in business, he would equally have been hanged. Again, in the frequent case of a man who causes grief to his family by addiction to bad habits, he deserves reproach for his unkindness or ingratitude; but so he may for cultivating habits not in themselves vicious, if they are painful to those with whom he passes his life, who from personal ties are dependent on him for their comfort. Whoever fails in the consideration generally due to the interests and feelings of others, not being compelled by some more imperative duty, or justified by allowable self – preference, is a subject of moral disapprobation for that failure, but not for the cause of it, nor for the errors, merely personal to himself, which may have remotely led to it. In like manner, when a person disables himself, by conduct purely self – regarding, from the performance of some definite duty incumbent on him to the public, he is guilty of a social offence. No person ought to be punished simply for being drunk; but a soldier or a policeman should be punished for being drunk on duty. Whenever, in short, there is a definite damage, or a definite risk of damage, either to an individual or to the public, the case is taken out of the province of liberty, and placed in that of morality or law.

But with regard to the merely contingent, or, as it may be called, constructive injury which a person causes to society, by conduct which neither violates any specific duty to the public, nor occasions perceptible hurt to any assignable individual except himself; the inconvenience is one which society can afford to bear, for the sake of the greater good of human freedom. If grown persons are to be punished for not taking proper care of themselves, I would rather it were for their own sake, than under pretence of preventing them from impairing their capacity or rendering to society benefits which society does not pretend it has a right to exact. But I cannot consent to argue the point as if society had no means of bringing its weaker members up to its ordinary standard of rational conduct, except waiting till they do something irrational, and then punishing them, legally or morally, for it. Society has had absolute power over them during all the early portion of their existence: it has had the whole period of childhood and nonage in which to try whether it could make them capable of rational conduct in life. The existing generation is master both of the training and the entire circumstances of the generation to come; it cannot indeed make them perfectly wise and good, because it is itself so lamentably deficient in goodness and wisdom; and its best efforts are not always, in individual cases, its most successful ones; but it is perfectly well able to make the rising generation, as a whole, as good as, and a little better than, itself. If society lets any considerable number of its members grow up mere children, incapable of being acted on by rational consideration of distant motives, society has itself to blame for the consequences. Armed not only with all the powers of education, but with the ascendency which the authority of a received opinion always exercises over the minds who are least fitted to judge for themselves; and aided by the natural penalties which cannot be prevented from falling on those who incur the distaste or the contempt of those who know them; let not society pretend that it needs, besides all this, the power to issue commands and enforce obedience in the personal concerns of individuals, in which, on all principles of justice and policy, the decision ought to rest with those who are to abide the consequences. Nor is there anything which tends more to discredit and frustrate the better means of influencing conduct than a resort to the worse. If there be among those whom it is attempted to coerce into prudence or temperance, any of the material of which vigorous and independent characters are made, they will infallibly rebel against the yoke. No such person will ever feel that others have a right to control him in his concerns, such as they have to prevent him from injuring them in theirs; and it easily comes to be considered a mark of spirit and courage to fly in the face of such usurped authority, and do with ostentation the exact opposite of what it enjoins; as in the fashion of grossness which succeeded, in the time of Charles II, to the fanatical moral intolerance of the Puritans. With respect to what is said of the necessity of protecting society from the bad example set to others by the vicious or the self-indulgent; it is true that bad example may have a pernicious effect, especially the example of doing wrong to others with impunity to the wrong-doer. But we are now speaking of conduct which, while it does no wrong to others, is supposed to do great harm to the agent himself: and I do not see how those who believe this can think otherwise than that the example, on the whole, must be more salutary than hurtful, since, if it displays the misconduct, it displays also the painful or degrading consequences which, if the conduct is justly censured, must be supposed to be in all or most cases attendant on it.

But the strongest of all the arguments against the interference of the public with purely personal conduct is that when it does interfere, the odds are that it interferes wrongly, and in the wrong place. On questions of social morality, of duty to others, the opinion of the public, that is, of an overruling majority, though often wrong, is likely to be still oftener right; because on such questions they are only required to judge of their own interests; of the manner in which some mode of conduct, if allowed to be practised, would effect themselves. But the opinion of a similar majority, imposed as a law on the minority, on questions of self – regarding conduct, is quite as likely to be wrong as right; for in these cases public opinion means, at the best, some people's opinion of what is good or bad for other people; while very of it does not even mean that; the public, with the most perfect indifference, passing over the pleasure or convenience of those whose conduct they censure, and considering only their own preference. There are many who consider as an injury to themselves any conduct which they have a distaste for, and resent it as an outrage to their feelings; as a religious bigot, when charged with disregarding the religious feelings of others, has been known to retort that they disregard his feelings, by persisting in their abominable worship or creed. But there is no parity between the feeling of a person for his own opinion, and the feeling of another who is offended at his holding it; no more than between the desire of a thief to take a purse, and the desire of the right owner to keep it. And a person's taste is as much his own peculiar concern as his opinion or his purse. It is easy for any one to imagine an ideal public which leaves the freedom and choice of individuals in all uncertain matters undisturbed, and only requires them to abstain from modes of conduct which universal experience has condemned. But where has there been seen a public which set any such limit to its censorship? or when does the public trouble itself about universal experience? In its interferences with personal conduct it is seldom thinking of anything but the enormity of acting or feeling differently from itself; and this standard of judgment, thinly disguised, is held up to mankind as the dictate of religion and philosophy, by nine – tenths of all moralists and speculative writers. These teach that things are right because they are right; because we feel them to be so. They tell us to search in our own minds and hearts for laws of conduct binding on ourselves and on all others. What can the poor public do but apply these instructions, and make their own personal feelings of good and evil, if they are tolerably unanimous in them, obligatory on all the world?

The evil here pointed out is not one which exists only in theory; and it may perhaps be expected that I should specify the instances in which the public of this age and country improperly invests its own preferences with the character of moral laws. I am not writing an essay on the aberrations of existing moral feeling. That is too weighty a subject to be discussed parenthetically, and by way of illustration. Yet examples are necessary to show that the principle I maintain is of serious and practical moment, and that I am not endeavouring to erect a barrier against imaginary evils. And it is not difficult to show, by abundant instances, that to extend the bounds of what may be called moral police, until it encroaches on the most unquestionably legitimate liberty of the individual, is one of the most universal of all human propensities.

As a first instance, consider the antipathies which men cherish on no better grounds than that persons whose religious opinions are different from theirs do not practise their religious observances, especially their religious abstinences. To cite a rather trivial example, nothing in the creed or practice of Christians does more to envenom the hatred of Mahomedans against them than the fact of their eating pork. There are few acts which Christians and Europeans regard with more unaffected disgust than Mussulmans regard this particular mode of satisfying hunger. It is, in the first place, an offence against their religion; but this circumstance by no means explains either the degree or the kind of their repugnance ; for wine also is forbidden by their religion, and to partake of it is by all Mussulmans accounted wrong, but not disgusting. Their aversion to the flesh of the "unclean beast" is, on the contrary, of that peculiar character, resembling an instinctive antipathy, which the idea of uncleanness, when once it thoroughly sinks into the feelings, seems always to excite even in those whose personal habits are anything but scrupulously cleanly, and of which the sentiment of religious impurity, so intense in the Hindoos, is a remarkable example. Suppose now that in a people, of whom the majority were Mussulmans, that majority should insist upon not permitting pork to be eaten within the limits of the country. This would be nothing new in Mahomedan countries. Would it be a legitimate exercise of the moral authority of public opinion? and if not, why not? The practice is really revolting to such a public. They also sincerely think that it is forbidden and abhorred by the Deity. Neither could the prohibition be censured as religious persecution. It might be religious in its origin, but it would not be persecution for religion, since nobody's religion makes it a duty to eat pork. The only tenable ground of condemnation would be that with the personal tastes and self – regarding concerns of individuals the public has no business to interfere.

To come somewhat nearer home: the majority of Spaniards consider it a gross impiety, offensive in the highest degree to the Supreme Being, to worship him in any other manner than the Roman Catholic; and no other public worship is lawful on Spanish soil. The people of all Southern Europe look upon a married clergy as not only irreligious, but unchaste, indecent, gross, disgusting. What do Protestants think of these perfectly sincere feelings, and of the attempt to enforce them against non – Catholics? Yet, if mankind are justified in interfering with each other's liberty in things which do not concern the interests of others, on what principle is it possible consistently to exclude these cases? or who can blame people for desiring to suppress what they regard as a scandal in the sight of God and man? No stronger case can be shown for prohibiting anything which is regarded as a personal immorality, than is made out for suppressing these practices in the eyes of those who regard them as impieties; and unless we are willing to adopt the logic of persecutors, and to say that we may persecute others because we are right, and that they must not persecute us because they are wrong, we must beware of admitting a principle of which we should resent as a gross injustice the application to ourselves.

The preceding instances may be objected to, although unreasonably, as drawn from contingencies impossible among us: opinion, in this country, not being likely to enforce abstinence from meats, or to interfere with people for worshipping, and for either marrying or not marrying, according to their creed or inclination. The next example, however, shall be taken from an interference with liberty which we have by no means passed all danger of. Wherever the Puritans have been sufficiently powerful, as in New England, and in Great Britain at the time of the Commonwealth, they have endeavoured, with considerable success, to put down all public, and nearly all private, amusements: especially music, dancing, public games, or other assemblages for purposes of diversion, and the theatre. There are still in this country large bodies of persons by whose notions of morality and religion these recreations are condemned; and those persons belonging chiefly to the middle class, who are the ascendant power in the present social and political condition of the kingdom, it is by no means impossible that persons of these sentiments may at some time or other command a majority in Parliament. How will the remaining portion of the community like to have the amusements that shall be permitted to them regulated by the religious and moral sentiments of the stricter Calvinists and Methodists?

Would they not, with considerable peremptoriness, desire these intrusively pious members of society to mind their own business? This is precisely what should be said to every government and every public, who have the pretension that no person shall enjoy any pleasure which they think wrong. But if the principle of the pretension be admitted, no one can reasonably object to its being acted on in the sense of the majority, or other preponderating power in the country; and all persons must be ready to conform to the idea of a Christian commonwealth, as understood by the early settlers in New England, if a religious profession similar to theirs should ever succeed in regaining its lost ground, as religions supposed to be declining have so often been known to do.

To imagine another contingency, perhaps more likely to be realised than the one last mentioned. There is confessedly a strong tendency in the modern world towards a democratic constitution of society, accompanied or not by popular political institutions. It is affirmed that in the country where this tendency is most completely realised - - where both society and the government are most democratic - - the United States - - the feeling of the majority, to whom any appearance of a more showy or costly style of living than they can hope to rival is disagreeable, operates as a tolerably effectual sumptuary law, and that in many parts of the Union it is really difficult for a person possessing a very large income to find any mode of spending it which will not incur popular disapprobation. Though such statements as these are doubtless much exaggerated as a representation of existing facts, the state of things they describe is not only a conceivable and possible, but a probable result of democratic feeling, combined with the notion that the public has a right to a veto on the manner in which individuals shall spend their incomes. We have only further to suppose a considerable diffusion of Socialist opinions, and it may become infamous in the eyes of the majority to possess more property than some very small amount, or any income not earned by manual labour. Opinions similar in principle to these already prevail widely among the artisan class, and weigh oppressively on those who are amenable to the opinion chiefly of that class, namely, its own members. It is known that the bad workmen who form the majority of the operatives in many branches of industry, are decidedly of opinion that bad workmen ought to receive the same wages as good, and that no one ought to be allowed, through piecework or otherwise, to earn by superior skill or industry more than others can without it. And they employ a moral police, which occasionally becomes a physical one, to deter skillful workmen from receiving, and employers from giving, a larger remuneration for a more useful service. If the public have any jurisdiction over private concerns, I cannot see that these people are in fault, or that any individual ś particular public can be blamed for asserting the same authority over his individual conduct, which the general public asserts over people in general.

But, without dwelling upon supposititious cases, there are, in our own day, gross usurpations upon the liberty of private life actually practised, and still greater ones threatened with some expectation of success, and opinions propounded which assert an unlimited right in the public not only to prohibit by law everything which it thinks wrong, but, in order to get at what it thinks wrong, to prohibit a number of things which it admits to be innocent.

Under the name of preventing intemperance, the people of one English colony, and of nearly half the United States, have been interdicted by law from making any use whatever of fermented drinks, except for medical purposes: for prohibition of their sale is in fact, as it is intended to be, prohibition of their use. And though the impracticability of executing the law has caused its repeal in several of the States which had adopted it, including the one from which it derives its name, an attempt has notwithstanding been commenced, and is prosecuted with considerable zeal by many of the professed philanthropists, to agitate for a similar law in this country. The association, or "Alliance" as it terms itself, which has been formed for this purpose, has acquired some notoriety through the publicity given to a correspondence between its secretary and one of the very few English public men who hold that a politician's opinions ought to be founded on principles. Lord Stanley's share in this correspondence is calculated to strengthen the hopes already built on him, by those who know how rare such qualities as are manifested in some of his public appearances unhappily are among those who figure in political life. The organ of the Alliance, who would "deeply deplore the recognition of any principle which could be wrested to justify bigotry and persecution," undertakes to point out the "broad and impassable barrier" which divides such principles from those of the association. All matters relating to thought, opinion, conscience, appear to me," he says, "to be without the sphere of legislation; all pertaining to social act, habit, relation, subject only to a discretionary power vested in the State itself, and not in the individual, to be within it." No mention is made of a third class, different from either of these, viz., acts and habits which are not social, but individual; although it is to this class, surely, that the act of drinking fermented liquors belongs. Selling fermented liquors, however, is trading, and trading is a social act. But the infringement complained of is not on the liberty of the seller, but on that of the buyer and consumer; since the State might just as well forbid him to drink wine as purposely make it impossible for him to obtain it. The secretary, however, says, "I claim, as a citizen, a right to legislate whenever my social rights are invaded by the social act of another." And now for the definition of these "social rights." "If anything invades my social rights, certainly the traffic in strong drink does. It destroys my primary right of security, by constantly creating and stimulating social disorder. It invades my right of equality, by deriving a profit from the creation of a misery I am taxed to support. It impedes my right to free moral and intellectual development, by surrounding my path with dangers, and by weakening and demoralising society, from which I have a right to claim mutual aid and intercourse." A theory of "social rights" the like of which probably never before found its way into distinct language: being nothing short of this -- that it is the absolute social right of every individual, that every other individual shall act in every respect exactly as he ought; that whosoever fails thereof in the smallest particular violates my social right, and entitles me to demand from the legislature the removal of the grievance. So monstrous a principle is far more dangerous than any single interference with liberty; there is no violation of liberty which it would not justify; it acknowledges no right to any freedom whatever, except perhaps to that of holding opinions in secret, without ever disclosing them: for, the moment an opinion which I consider noxious passes any one's lips, it invades all the "social rights" attributed to me by the Alliance. The doctrine ascribes to all mankind a vested interest in each other's moral, intellectual, and even physical perfection, to be defined by each claimant according to his own standard.

Another important example of illegitimate interference with the rightful liberty of the individual, not simply threatened, but long since carried into triumphant effect, is Sabbatarian legislation. Without doubt, abstinence on one day in the week, so far as the exigencies of life permit, from the usual daily occupation, though in no respect religiously binding on any except Jews, is a highly beneficial custom. And in as much as this custom cannot be observed without a general consent to that effect among the industrious classes, therefore, in so far as some persons by working may impose the same necessity on others, it may be allowable and right that the law should guarantee to each the observance by others of the custom, by suspending the greater operations of industry on a particular day. But this justification, grounded on the direct interest which others have in each individual's observance of the practice, does not apply to the self – chosen occupations in which a person may think fit to employ his leisure; nor does it hold good, in the smallest degree, for legal restrictions on amusements. It is true that the amusement of some is the day's work of others; but the pleasure, not to say the useful recreation, of many, is worth the labour of a few, provided the occupation is freely chosen, and can be freely resigned. The operatives are perfectly right in thinking that if all worked on Sunday, seven days' work would have to be given for six days' wages; but so long as the great mass of employments are suspended, the small number who for the enjoyment of others must still work, obtain a proportional increase of earnings; and they are not obliged to follow those occupations if they prefer leisure to emolument. If a further remedy is sought, it might be found in the establishment by custom of a holiday on some other day of the week for those particular classes of persons. The only ground, therefore, on which restrictions on Sunday amusements can be defended, must be that they are religiously wrong; a motive of legislation which can never be too earnestly protested against. Deorum injuriae Diis curae. It remains to be proved that society or any of its officers holds a commission from on high to avenge any supposed offence to Omnipotence, which is not also a wrong to our fellow creatures. The notion that it is one man's duty that another should be religious, was the foundation of all the religious persecutions ever perpetrated, and, if admitted, would fully justify them. Though the feeling which breaks out in the repeated attempts to stop railway travelling on Sunday, in the resistance to the opening of Museums, and the like, has not the cruelty of the old persecutors, the state of mind indicated by it is fundamentally the same. It is a determination not to tolerate others in doing what is permitted by their religion, because it is not permitted by the persecutor's religion. It is a belief that God not only abominates the act of the misbeliever, but will not hold us guiltless if we leave him unmolested.

I cannot refrain from adding to these examples of the little account commonly made of human liberty, the language of downright persecution which breaks out from the press of this country whenever it feels called on to notice the remarkable phenomenon of Mormonism. Much might be said on the unexpected and instructive fact that an alleged new revelation, and a religion founded on it, the product of palpable imposture, not even supported by the prestige of extraordinary qualities in its founder, is believed by hundreds of thousands, and has been made the foundation of a society, in the age of newspapers, railways, and the electric telegraph. What here concerns us is, that this religion, like other and better religions, has its martyrs; that its prophet and founder was, for his teaching, put to death by a mob ; that others of its adherents lost their lives by the same lawless violence; that they were forcibly expelled, in a body, from the country in which they first grew up; while, now that they have been chased into a solitary recess in the midst of a desert, many in this country openly declare that it would be right (only that it is not convenient) to send an expedition against them, and compel them by force to conform to the opinions of other people. The article of the Mormonite doctrine which is the chief provocative to the antipathy which thus breaks through the ordinary restraints of religious tolerance, is its sanction of polygamy; which, though permitted to Mahomedans, and Hindoos, and Chinese, seems to excite unquenchable animosity when practised by persons who speak English, and profess to be a kind of Christians. No one has a deeper disapprobation than I have of this Mormon institution; both for other reasons, and because, far from being in any way countenanced by the principle of liberty, it is a direct infraction of that principle, being a mere riveting of the chains of on behalf of the community, and an emancipation of the other from reciprocity of obligation towards them. Still, it must be remembered that this relation is as much voluntary on the part of the women concerned in it, and who may be deemed the sufferers by it, as is the case with any other form of the marriage institution; and however surprising this fact may appear, it has its explanation in the common ideas and customs of the world, which teaching women to think marriage the one thing needful, make it intelligible that many woman should prefer being one of several wives, to not being a wife at all. Other countries are not asked to recognise such unions, or release any portion of their inhabitants from their own laws on the score of Mormonite opinions. But when the dissentients have conceded to the hostile sentiments of others far more than could justly be demanded; when they have left the countries to which their doctrines were unacceptable, and established themselves in a remote corner of the earth, which they have been the first to render habitable to human beings; it is difficult to see on what principles but those of tyranny they can be prevented from living there under what laws they please, provided they commit no aggression on other nations, and allow perfect freedom of departure to those who are dissatisfied with their ways. A recent writer, in some respects of considerable merit, proposes (to use his own words) not a crusade, but a civilisade, against this polygamous community, to put an end to what seems to him a retrograde step in civilisation. It also appears so to me, but I am not aware that any community has a right to force another to be civilised. So long as the sufferers by the bad law do not invoke assistance from other communities, I cannot admit that persons entirely unconnected with them ought to step in and require that a condition of things with which all who are directly interested appear to be satisfied, should be put an end to because it is a scandal to persons some thousands of miles distant, who have no part or concern in it. Let them send missionaries, if they please, to preach against it; and let them, by any fair means (of which silencing the teachers is not one,) oppose the progress of similar doctrines among their own people. If civilisation has got the better of barbarism when barbarism had the world to itself, it is too much to profess to be afraid lest barbarism, after having been fairly got under, should revive and conquer civilisation. A civilisation that can thus succumb to its vanquished enemy, must first have become so degenerate, that neither its appointed priests and teachers, nor anybody else, has the capacity, or will take the trouble, to stand up for it. If this be so, the sooner such a civilisation receives notice to quit the better. It can only go on from bad to worse, until destroyed and regenerated (like the Western Empire) by energetic barbarians.

Chapter Ⅴ: Applications

THE PRINCIPLES asserted in these pages must be more generally admitted as the basis for discussion of details, before a consistent application of them to all the various departments of government and morals can be attempted with any prospect of advantage. The few observations I propose to make on questions of detail are designed to illustrate the principles, rather than to follow them out to their consequences. I offer, not so much applications, as specimens of application; which may serve to bring into greater clearness the meaning and limits of the two maxims which together form the entire doctrine of this Essay, and to assist the judgment in holding the balance between them, in the cases where it appears doubtful which of them is applicable to the case.

The maxims are, first, that the individual is not accountable to society for his actions, in so far as these concern the interests of no person but himself. Advice, instruction, persuasion, and avoidance by other people if thought necessary by them for their own good, are the only measures by which society can justifiably express its dislike or disapprobation of his conduct. Secondly, that for such actions as are prejudicial to the interests of others, the individual is accountable, and may be subjected either to social or to legal punishment, if society is of opinion that the one or the other is requisite for its protection.

In the first place, it must by no means be supposed, because damage, or probability of damage, to the interests of others, can alone justify the interference of society, that therefore it always does justify such interference. In many cases, an individual, in pursuing a legitimate object, necessarily and therefore legitimately causes pain or loss to others, or intercepts a good which they had a reasonable hope of obtaining. Such oppositions of interest between individuals often arise from bad social institutions, but are unavoidable while those institutions last; and some would be unavoidable under any institutions. Whoever succeeds in an overcrowded profession, or in a competitive examination; whoever is preferred to another in any contest for an object which both desire, reaps benefit from the loss of others, from their wasted exertion and their disappointment. But it is, by common admission, better for the general interest of mankind, that persons should pursue their objects undeterred by this sort of consequences. In other words, society admits no right, either legal or moral, in the disappointed competitors to immunity from this kind of suffering ; and feels called on to interfere, only when means of success have been employed which it is contrary to the general interest to permit - - namely, fraud or treachery, and force.

Again, trade is a social act. Whoever undertakes to sell any description of goods to the public, does what affects the interest of other persons, and of society in general; and thus his conduct, in principle, comes within the jurisdiction of society: accordingly, it was once held to be the duty of governments, in all cases which were considered of importance, to fix prices, and regulate the processes of manufacture. But it is now recognised, though not till after a long struggle, that both the cheapness and the good quality of commodities are most effectually provided for by leaving the producers and sellers perfectly free, under the sole check of equal freedom to the buyers for supplying themselves elsewhere. This is the so - called doctrine of Free Trade, which rests on grounds different from, though equally solid with, the principle of individual liberty asserted in this Essay. Restrictions on trade, or on production for purposes of trade, are indeed restraints; and all restraint, qua restrain, is an evil: but the restraints in question affect only that part of conduct which society is competent to restrain, and are wrong solely because they do not really produce the results which it is desired to produce by them. As the principle of individual liberty is not involved in the doctrine of Free Trade, so neither is it in most of the questions which arise respecting the limits of that doctrine; as for example, what amount of public control is admissible for the prevention of fraud by adulteration; how far sanitary precautions, or arrangements to protect workpeople employed in dangerous occupations, should be enforced on employers. Such questions involve considerations of liberty, only in so far as leaving people to themselves is always better, caeteris paribus, than controlling them: but that they may be legitimately controlled for these ends, is in principle undeniable. On the other hand, there are questions relating to interference with trade which are essentially questions of liberty; such as the Maine Law, already touched upon; the prohibition of the importation of opium into China; the restriction of the sale of poisons; all cases, in short, where the object of the interference is to make it impossible or difficult to obtain a particular commodity. These interferences are objectionable, not as infringements on the liberty of the producer or seller, but on that of the buyer.

One of these examples, that of the sale of poisons, opens a new question; the proper limits of what may be called the functions of police; how far liberty may legitimately be invaded for the prevention of crime, or of accident. It is one of the undisputed functions of government to take precautions against crime before it has been committed, as well as to detect and punish it afterwards. The preventive function of government, however, is far more liable to be abused, to the prejudice of liberty, than the punitory function; —for there is hardly any part of the legitimate freedom of action of a human being which would not admit of being represented, and fairly too, as increasing the facilities for some form or other of delinquency. Nevertheless, if a public authority, or even a private person, sees any one evidently preparing to commit a crime, they are not bound to look on inactive until the crime is committed, but may interfere to prevent it. If poisons were never bought or used for any purpose except the commission of murder it would be right to prohibit their manufacture and sale. They may, however, be wanted not only for innocent but for useful purposes, and restrictions cannot be imposed in the one case without operating in the other. Again, it is a proper office of public authority to guard against accidents. If either a public officer or any one else saw a person attempting to cross a bridge which had been ascertained to be unsafe, and there were no time to warn him of his danger, they might seize him and turn him back, without any real infringement of his liberty; for liberty consists in doing what one desires, and he does not desire to fall into the river. Nevertheless, when there is not a certainty, but only a danger of mischief, no one but the person himself can judge of the sufficiency of the motive which may prompt him to incur the risk: in this case, therefore (unless he is a child, or delirious, or in some state of excitement or absorption incompatible with the full use of the reflecting faculty), he ought, I conceive, to be only warned of the danger; not forcibly prevented from exposing himself to it. Similar considerations, applied to such a question as the sale of poisons, may enable us to decide which among the possible modes of regulation are or are not contrary to principle. Such a precaution, for example, as that of labelling the drug with some word expressive of its dangerous character, may be enforced without violation of liberty: the buyer cannot wish not to know that the thing he possesses has poisonous qualities. But to require in all cases the certificate of a medical practitioner, would make it sometimes impossible, always expensive, to obtain the article for legitimate uses. The only mode apparent to me, in which difficulties may be thrown in the way of crime committed through this means, without any infringement worth taking into account upon the liberty of those who desire the poisonous substance for other purposes, consists in providing what, in the apt language of Bentham, is called "preappointed evidence." This provision is familiar to every one in the case of contracts. It is usual and right that the law, when a contract is entered into, should require as the condition of its enforcing performance, that certain formalities should be observed, such as signatures, attestation of witnesses, and the like, in order that ill case of subsequent dispute, there may be evidence to prove that the contract was really entered into, and that there was nothing in the circumstances to render it legally invalid: the effect being to throw great obstacles in the way of fictitious contracts, or contracts made in circumstances which, if known, would destroy their validity. Precautions of a similar nature might be enforced in the sale of articles adapted to be instruments of crime. The seller, for example, might be required to enter in a register the exact time of the transaction, the name and address of the buyer, the precise quality and quantity sold; to ask the purpose for which it was wanted, and record the answer he received. When there was no medical prescription, the presence of some third person might be required, to bring home the fact to the purchaser, in case there should afterwards be reason to believe that the article had been applicd to criminal purposes. Such regulations would in general be no material impediment to obtaining the article, but a very considerable one to making an improper use of it without detection.

The right inherent in society, tc ward off crimes against itself by antecedent precautions, suggests the obvious limitations to the maxim, that purely self-regarding misconduct cannot properly be meddled with in the way of prevention or punishment. Drunkenness, for example, in ordinary cases, is not a fit subject for legislative interference; but I should deem it perfectly legitimate that a person, who had once been convicted of any act of violence to others under the influence of drink, should be placed under a special legal restriction, personal to himself; that if he were afterwards found drunk, he should be liable to a penalty, and that if when in that state he committed another offence, the punishment to which he would be liable for that other offence should be increased in severity. The making himself drunk, in a person whom drunkenness excites to do harm to others, is a crime against others. So, again, idleness, except in a person receiving support from the public, or except when it constitutes a breach of contract, cannot without tyranny be made a subject of legal punishment; but if, either from idleness or from any other avoidable cause, a man fails to perform his legal duties to others, as for instance to support his children, it is no tyranny to force him to fulfil that obligation, by compulsory labor, if no other means are available.

Again, there are many acts which, being directly injurious only to the agents themselves, ought not to be legally interdicted, but which, if done publicly, are a violation of good manners, and coming thus within the category of offences against others, may rightly be prohibited. Of this kind are offences against decency; on which it is unnecessary to dwell, the rather as they are only connected indirectly with our subject, the objection to publicity being equally strong in the case of many actions not in themselves condemnable, nor supposed to be so.

There is another question to which an answer must be found, consistent with the principles which have been laid down. In cases of personal conduct supposed to be blamable, but which respect for liberty precludes society from preventing or punishing, because the evil directly resulting falls wholly on the agent; what the agent is free to do, ought other persons to be equally free to counsel or instigate? This question is not free from difficulty. The case of a person who solicits another to do an act is not strictly a case of self-regarding conduct. To give advice or offer inducements to any one is a social act, and may, therefore, like actions in general which affect others, be supposed amenable to social control. But a little reflection corrects the first impression, by showing that if the case is not strictly within the definition of individual liberty, yet the reasons on which the principle of individual liberty is grounded are applicable to it. If people must be allowed, in whatever concerns only themselves, to act as seems best to themselves, at their own peril, they must equally be free to consult with one another about what is fit to be so done; to exchange opinions, and give and receive suggestions. Whatever it is permitted to do, it must be permitted to advise to do. The question is doubtful only when the instigator derives a personal benefit from his advice; when he makes it his occupation, for subsistence or pecuniary gain, to promote what society and the State consider to be an evil. Then, indeed, a new element of complication is introduced; namely, the existence of classes of persons with an interest opposed to what is considered as the public weal, and whose mode of living is grounded on the counteraction of it. Ought this to be interfered with, or not? Fornication, for example, must be tolerated, and so must gambling; but should a person be free to be a pimp, or to keep a gambling-house? The case is one of those which lie on the exact boundary line between two principles, and it is not at once apparent to which of the two it properly belongs. There are arguments on both sides. On the side of toleration it may be said, that the fact of following anything as an occupation, and living or profiting by the practice of it, cannot make that criminal which would otherwise be admissible; that the act should either be consistently permitted or consistently prohibited; that if the principles which we have hitherto defended are true, society has no business, as society, to decide anything to be wrong which concerns only the individual; that it cannot go beyond dissuasion, and that one person should be as free to persuade as another to dissuade. In opposition to this it maybe contended, that although the public, or the State, are not warranted in authoritatively deciding, for purposes of repression or punishment, that such or such conduct affecting only the interests of the individual is good or bad, they are fully justified in assuming, if they regard it as bad, that its being so or not is at least a disputable question: That, this being supposed, they cannot be acting wrongly in endeavouring to exclude the influence of solicitations which are not disinterested, of instigators who cannot possibly be impartial—who have a direct personal interest on one side, and that side the one which the State believes to be wrong, and who confessedly promote it for personal objects only. There can surely, it may be urged, be nothing lost, no sacrifice of good, by so ordering matters that persons shall make their election, either wisely or foolishly, on their own prompting, as free as possible from the arts of persons who stimulate their inclinations for interested purposes of their own. Thus (it may be said) though the statutes respecting unlawful games are utterly indefensible – – though all persons should be free to gamble in their own or each other's houses, or in any place of meeting established by their own subscriptions, and open only to the members and their visitors – – yet public gambling – houses should not be permitted. It is true that the prohibition is never effectual, and that, whatever amount of tyrannical power may be given to the police, gambling – houses can always be maintained under other pretences; but they may be compelled to conduct their operations with a certain degree of secrecy and mystery, so that nobody knows anything about them but those who seek them; and more than this society ought not to aim at. There is considerable force in these arguments. I will not venture to decide whether they are sufficient to justify the moral anomaly of punishing the accessary, when the principal is (and must be) allowed to go free; of fining or imprisoning the procurer, but not the fornicator – the gambling – house keeper, but not the gambler. Still less ought the common operations of buying and selling to be interfered with on analogous grounds. Almost every article which is bought and sold may be used in excess, and the sellers have a pecuniary interest in encouraging that excess; but no argument can be founded on this, in favour, for instance, of the Maine Law; because the class of dealers in strong drinks, though interested in their abuse, are indispensably required for the sake of their legitimate use. The interest, however, of these dealers in promoting intemperance is a real evil, and justifies the State in imposing restrictions and requiring guarantees which, but for that justification, would be infringements of legitimate liberty.

A further question is, whether the State, while it permits, should nevertheless indirectly discourage conduct which it deems contrary to the best interests of the agent; whether, for example, it should take measures to render the means of drunkenness more costly, or add to the difficulty of procuring them by limiting the number of the places of sale. On this as on most other practical questions, many distinctions require to be made. To tax stimulants for the sole purpose of making them more difficult to be obtained, is a measure differing only in degree from their entire prohibition; and would be justifiable only if that were justifiable. Every increase of cost is a prohibition, to those whose means do not come up to the augmented price; and to those who do, it is a penalty laid on them for gratifying a particular taste. Their choice of pleasures, and their mode of expending their income, after satisfying their legal and moral obligations to the State and to individuals, are their own concern, and must rest with their own judgment. These considerations may seem at first sight to condemn the selection of stimulants as special subjects of taxation for purposes of revenue. But it must be remembered that taxation for fiscal purposes is absolutely inevitable; that in most countries it is necessary that a considerable part of that taxation should be indirect; that the State, therefore, cannot help imposing penalties, which to some persons may be prohibitory, on the use of some articles of consumption. It is hence the duty of the State to consider, in the imposition of taxes, what commodities the consumers can best spare; and a fortiori, to select in preference those of which it deems the use, beyond a very moderate quantity, to be positively injurious. Taxation, therefore, of stimulants, up to the point which produces the largest amount of revenue (supposing that the State needs all the revenue which it yields) is not only admissible, but to be approved of.

The question of making the sale of these commodities a more or less exclusive privilege, must be answered differently, according to the purposes to which the restriction is intended to be subservient. All places of public resort require the restraint of a police, and places of this kind peculiarly, because offences against society are especially apt to originate there. It is, therefore, fit to confine the power of selling these commodities (at least for consumption on the spot) to persons of known or vouched – for respectability of conduct; to make such regulations respecting hours of opening and closing as may be requisite for public surveillance, and to withdraw the licence if breaches of the peace repeatedly take place through the connivance or incapacity of the keeper of the house, or if it becomes a rendezvous for concocting and preparing offences against the law. Any further restriction I do not conceive to be, in principle, justifiable. The limitation in number, for instance, of beer and spirit houses, for the express purpose of rendering them more difficult of access, and diminishing the occasions of temptation, not only exposes all to an inconvenience because there are some by whom the facility would be abused, but is suited only to a state of society in which the labouring classes are avowedly treated as children or savages, and placed under an education of restraint, to fit them for future admission to the privileges of freedom. This is not the principle on which the labouring classes are professedly governed in any free country; and no person who sets due value on freedom will give his adhesion to their being so governed, unless after all efforts have been exhausted to educate them for freedom and govern them as freemen, and it has been definitively proved that they can only be governed as children. The bare statement of the alternative shows the absurdity of supposing that such efforts have been made in any case which needs be considered here. It is only because the institutions of this country are a mass of inconsistencies, that things find admittance into our practice which belong to the system of despotic, or what is called paternal, government, while the general freedom of our institutions precludes the exercise of the amount of control necessary to render the restraint of any real efficacy as a moral education.

It was pointed out in an early part of this Essay, that the liberty of the individual, in things wherein the individual is alone concerned, implies a corresponding liberty in any number of individuals to regulate by mutual agreement such things as regard them jointly, and regard no persons but themselves. This question presents no difficulty, so long as the will of all the persons implicated remains unaltered; but since that will may change, it is often necessary, even in things in which they alone are concerned, that they should enter into engagements with one another; and when they do, it is fit, as a general rule, that those engagements should be kept. Yet, in the laws, probably, of every country, this general rule has some exceptions. Not only persons are not held to engagements which violate the rights of third parties, but it is sometimes considered a sufficient reason for releasing them from an engagement, that it is injurious to themselves. In this and most other civilised countries, for example, an engagement by which a person should sell himself, or allow himself to be sold, as a slave, would be null and void; neither enforced by law nor by opinion. The ground for thus limiting his power of voluntarily disposing of his own lot in life, is apparent, and is very clearly seen in this extreme case. The reason for not interfering, unless for the sake of others, with a person's voluntary acts, is consideration for his liberty. His voluntary choice is evidence that what he so chooses is desirable, or at the least endurable, to him, and his good is on the whole best provided for by allowing him to take his own means of pursuing it. But by selling himself for a slave, he abdicates his liberty; he foregoes any future use of it beyond that single act. He therefore defeats, in his own case, the very purpose which is the justification of allowing him to dispose of himself. He is no longer free; but is thenceforth in a position which has no longer the presumption in its favour, that would be afforded by his voluntarily remaining in it. The principle of freedom cannot require that he should be free not to be free. It is not freedom to be allowed to alienate his freedom. These reasons, the force of which is so conspicuous in this peculiar case, are evidently of far wider application; yet a limit is everywhere set to them by the necessities of life, which continually require, not indeed that we should resign our freedom, but that we should consent to this and the other limitation of it. The principle, however, which demands uncontrolled freedom of action in all that concerns only the agents themselves, requires that those who have become bound to one another, in things which concern no third party, should be able to release one another from the engagement: and even without such voluntary release, there are perhaps no contracts or engagements, except those that relate to money or money's worth, of which one can venture to say that there ought to be no liberty whatever of retractation. Baron Wilhelm von Humboldt, in the excellent essay from which I have already quoted, states it as his conviction, that engagements which involve personal relations or services should never be legally binding beyond a limited duration of time; and that the most important of these engagements, marriage, having the peculiarity that its objects are frustrated unless the feelings of both the parties are in harmony with it, should require nothing more than the declared will of either party to dissolve it. This subject is too important, and too complicated, to be discussed in a parenthesis, and I touch on it only so far as is necessary for purposes of illustration. If the conciseness and generality of Baron Humboldt's dissertation had not obliged him in this instance to content himself with enunciating his conclusion without discussing the premises, he would doubtless have recognised that the question cannot be decided on grounds so simple as those to which he confines himself. When a person, either by express promise or by conduct, has encouraged another to rely upon his continuing to act in a certain way - - to build expectations and calculations, and stake any part of his plan of life upon that supposition - - a new series of moral obligations arises on his part towards that person, which may possibly be overruled, but cannot be ignored. And again, if the relation between two contracting parties has been followed by consequences to others; if it has placed third parties in any peculiar position, or, as in the case of marriage, has even called third parties into existence, obligations arise on the part of both the contracting parties towards those third persons, the fulfilment of which, or at all events the mode of fulfilment, must be greatly affected by the continuance or disruption of the relation between the original parties to the contract. It does not follow, nor can I admit, that these obligations extend to requiring the fulfilment of the contract at all costs to the happiness of the reluctant party ; but they are a necessary element in the question; and even if, as Von Humboldt maintains, they ought to make no difference in the legal freedom of the parties to release themselves from the engagement (and I also hold that they ought not to make much difference), they necessarily make a great difference in the moral freedom. A person is bound to take all these circumstances into account before resolving on a step which may affect such important interests of others; and if he does not allow proper weight to those interests, he is morally responsible for the wrong. I have made these obvious remarks for the better illustration of the general principle of liberty, and not because they are at all needed on the particular question, which, on the contrary, is usually discussed as if the interest of children was everything, and that of grown persons nothing.

I have already observed that, owing to the absence of any recognised general principles, liberty is often granted where it should be withheld, as well as withheld where it should be granted; and one of the cases in which, in the modern European world, the sentiment of liberty is the strongest, is a case where, in my view, it is altogether misplaced. A person should be free to do as he likes in his own concerns; but he ought not to be free to do as he likes in acting for another, under the pretext that the affairs of the other are his own affairs. The State, while it respects the liberty of each in what specially regards himself, is bound to maintain a vigilant control over his exercise of any power which it allows him to possess over others. This obligation is almost entirely disregarded in the case of the family relations, a case, in its direct influence on human happiness, more important than all others taken together. The almost despotic power of husbands over wives needs not be enlarged upon here, because nothing more is needed for the complete removal of the evil than that wives should have the same rights, and should receive the protection of law in the same manner, as all other persons; and because, on this subject, the defenders of established injustice do not avail themselves of the plea of liberty, but stand forth openly as the champions of power. It is in the case of children that misapplied notions of liberty are a real obstacle to the fulfilment by the State of its duties. One would almost think that a man's children were supposed to be literally, and not metaphorically, a part of himself, so jealous is opinion of the smallest interference of law with his absolute and exclusive control over them; more jealous than of almost any interference with his own freedom of action: so much less do the generality of mankind value liberty than power. Consider, for example, the case of education. Is it not almost a self-evident axiom, that the State should require and compel the education, up to a certain standard, of every human being who is born its citizen? Yet who is there that is not afraid to recognise and assert this truth? Hardly any one indeed will deny that it is one of the most sacred duties of the parents (or, as law and usage now stand, the father), after summoning a human being into the world, to give to that being an education fitting him to perform his part well in life towards others and towards himself. But while this is unanimously declared to be the father's duty, scarcely anybody, in this country, will bear to hear of obliging him to perform it. Instead of his being required to make any exertion or sacrifice for securing education to the child, it is left to his choice to accept it or not when it is provided gratis! It still remains unrecognised, that to bring a child into existence without a fair prospect of being able, not only to provide food for its body, but instruction and training for its mind, is a moral crime, both against the unfortunate offspring and against society; and that if the parent does not fulfil this obligation, the State ought to see it fulfilled, at the charge, as far as possible, of the parent.

Were the duty of enforcing universal education once admitted there would be an end to the difficulties about what the State should teach, and how it should teach, which now convert the subject into a mere battlefield for sects and parties, causing the time and labour which should have been spent in educating, to be wasted in quarreling about education. If the government would make up its mind to require for every child a good education, it might save itself the trouble of providing one, it might leave to parents to obtain the education where and how they pleased, and content itself with helping to pay the school fees of the poorer classes of children, and defraying the entire school expenses of those who have no one else to pay for them. The objections which are urged with reason against State education do not apply to the enforcement of education by the State, but to the State's taking upon itself to direct that education; which is a totally different thing. That the whole or any large part of the education of the people should be in State hands, I go as far as any one in deprecating. All that has been said of the importance of individuality of character, and diversity in opinions and modes of conduct, involves, as of the same unspeakable importance, diversity of education. A general State education is a mere contrivance for moulding people to be exactly like one another: and as the mould in which it casts them is that which pleases the predominant power in the government, whether this be a monarch, a priesthood, an aristocracy, or the majority of the existing generation, in proportion as it is efficient and successful, it establishes a despotism over the mind, leading by natural tendency to one over the body. An education established and controlled by the State should only exist, if it exist at all, as one among many competing experiments, carried on for the purpose of example and stimulus, to keep the others up to a certain standard of excellence. Unless, indeed, when society in general is in so backward a state that it could not or would not provide for itself any proper institutions of education unless the government undertook the task: then, indeed, the government may, as the less of two great evils, take upon itself the business of schools and universities, as it may that of joint stock companies, when private enterprise, in a shape fitted for undertaking great works of industry, does not exist in the country. But in general, if the country contains a sufficient number of persons qualified to provide education under government auspices, the same persons would be able and willing to give an equally good education on the voluntary principle, under the assurance of remuneration afforded by a law rendering education compulsory, combined with State aid to those unable to defray the expense.

The instrument for enforcing the law could be no other than public examinations, extending to all children, and beginning at an early age. An age might be fixed at which every child must be examined, to ascertain if he (or she) is able to read. If a child proves unable, the father, unless he has some sufficient ground of excuse, might be subjected to a moderate fine, to be worked out, if necessary, by his labour, and the child might be put to school at his expense. Once in every year the examination should be renewed, with a gradually extending range of subjects, so as to make the universal acquisition, and what is more, retention, of a certain minimum of general knowledge virtually compulsory. Beyond that minimum there should be voluntary examinations on all subjects, at which all who come up to a certain standard of proficiency might claim a certificate. To prevent the State from exercising, through these arrangements, an improper influence over opinion, the knowledge required for passing an examination (beyond the merely instrumental parts of knowledge, such as languages and their use) should, even in the higher classes of examinations, be confined to facts and positive science exclusively. The examinations on religion, politics, or other disputed topics, should not turn on the truth or falsehood of opinions, but on the matter of fact that such and such an opinion is held, on such grounds, by such authors, or schools, or churches. Under this system, the rising generation would be no worse off in regard to all disputed truths, than they are at present; they would be brought up either churchmen or dissenters as they now are, the State merely taking care that they should be instructed churchmen, or instructed dissenters. There would be nothing to hinder them from being taught religion, if their parents chose, at the same schools where they were taught other things. All attempts by the State to bias the conclusions of its citizens on disputed subjects are evil; but it may very properly offer to ascertain and certify that a person possesses the knowledge requisite to make his conclusions, on any given subject, worth attending to. A student of philosophy would be the better for being able to stand an examination both in Locke and in Kant, whichever of the two he takes up with, or even if with neither: and there is no reasonable objection to examining an atheist in the evidences of Christianity, provided he is not required to profess a belief in them. The examinations, however, in the higher branches of knowledge should, I conceive, be entirely voluntary. It would be giving too dangerous a power to governments were they allowed to exclude any one from professions, even from the profession of teacher, for alleged deficiency of qualifications : and I think, with Wilhelm won Humboldt, that degrees, or other public certificates of scientific or professional acquirements, should be given to all who present themselves for examination, and stand the test; but that such certificates should confer no advantage over competitors other than the weight which may be attached to their testimony by public opinion.

It is not in the matter of education only that misplaced notions of liberty prevent moral obligations on the part of parents from being recognised, and legal obligations from being imposed, where there are the strongest grounds for the former always, and in many cases for the latter also. The fact itself, of causing the existence of a human being, is one of the most responsible actions in the range of human life. To undertake this responsibility – – to bestow a life which may be either a curse or a blessing – unless the being on whom it is to be bestowed will have at least the ordinary chances of a desirable existence, is a crime against that being. And in a country either over – peopled, or threatened with being so, to produce children, beyond a very small number, with the effect of reducing the reward of labour by their competition, is a serious offence against all who live by the remuneration of their labour. The laws which, in many countries on the Continent, forbid marriage unless the parties can show that they have the means of supporting a family, do not exceed the legitimate powers of the State: and whether such laws be expedient or not (a question mainly dependent on local circumstances and feelings), they are not objectionable as violations of liberty. Such laws are interferences of the State to prohibit a mischievous act – – – an act injurious to others, which ought to be a subject of reprobation, and social stigma, even when it is not deemed expedient to superadd legal punishment. Yet the current ideas of liberty, which bend so easily to real in fringements of the freedom of the individual in things which concern only himself, would repel the attempt to put any restraint upon his inclinations when the consequence of their indulgence is a life or lives of wretchedness and depravity to the offspring, with manifold evils to those sufficiently within reach to be in any way affected by their actions. When we compare the strange respect of mankind for liberty, with their strange want of respect for it, we might imagine that a man had an indispensable right to do harm to others, and no right at all to please himself without giving pain to any one.

I have reserved for the last place a large class of questions respecting the limits of government interference, which, though closely connected with the subject of this Essay, do not, in strictness, belong to it. These are cases in which the reasons against interference do not turn upon the principle of liberty: the question is not about restraining the actions of individuals, but about helping them: it is asked whether the government should do, or cause to be done, something for their benefit, instead of leaving it to be done by themselves, individually, or in voluntary combination.

The objections to government interference, when it is not such as to involve infringement of liberty, may be of three kinds.

The first is, when the thing to be done is likely to be better done by individuals than by the government. Speaking generally, there is no one so fit to conduct any business, or to determine how or by whom it shall be conducted, as those who are personally interested in it. This principle condemns the interferences, once so common, of the legislature, or the officers of government, with the ordinary processes of industry. But this part of the subject has been sufficiently enlarged upon by political economists, and is not particularly related to the principles of this Essay.

The second objection is more nearly allied to our subject. In many cases, though individuals may not do the particular thing so well, on the average, as the officers of government, it is nevertheless desirable that it should be done by them, rather than by the government, as a means to their own mental education - - a mode of strengthening their active faculties, exercising their judgment, and giving them a familiar knowledge of the subjects with which they are thus left to deal. This is a principal, though not the sole, recommendation of jury trial (in cases not political); of free and popular local and municipal institutions; of the conduct of industrial and philanthropic enterprises by voluntary associations. These are not questions of liberty, and are connected with that subject only by remote tendencies; but they are questions of development. It belongs to a different occasion from the present to dwell on these things as parts of national education; as being, in truth, the peculiar training of a citizen, the practical part of the political education of a free people, taking them out of the narrow circle of personal and family selfishness, and accustoming them to the comprehension of joint interests, the management of joint concerns -- habituating them to act from public or semipublic motives, and guide their conduct by aims which unite instead of isolating them from one another. Without these habits and powers, a free constitution can neither be worked nor preserved; as is exemplified by the too-often transitory nature of political freedom in countries where it does not rest upon a sufficient basis of local liberties. The management of purely local business by the localities, and of the great enterprises of industry by the union of those who voluntarily supply the pecuniary means, is further recommended by all the advantages which have been set forth in this Essay as belonging to individuality of development, and diversity of modes of action. Government operations tend to be everywhere alike. With individuals and voluntary associations, on the contrary, there are varied experiments, and endless diversity of experience. What the State can usefully do is to make itself a central depository, and active circulator and diffuser, of the experience resulting from many trials. Its business is to enable each experimentalist to benefit by the experiments of others; instead of tolerating no experiments but its own.

The third, and most cogent reason for restricting the interference of government, is the great evil of adding unnecessarily to its power. Every function superadded to those already exercised by the government causes its influence over hopes and fears to be more widely diffused, and converts, more and more, the active and ambitious part of the public into hangers - on of the government, or of some party which aims at becoming the government. If the roads, the railways, the banks, the insurance offices, the great joint - stock companies, the universities, and the public charities, were all of them branches of the government; if, in addition, the municipal corporations and local boards, with all that now devolves on them, became departments of the central administration ; if the employés of all these different enterprises were appointed and paid by the government, and looked to the government for every rise in life; not all the freedom of the press and popular constitution of the legislature would make this or any other country free otherwise than in name. And the evil would be greater, the more efficiently and scientifically the administrative machinery was constructed—the more skilful the arrangements for obtaining the best qualified hands and heads with which to work it. In England it has of late been proposed that all the members of the civil service of government should be selected by competitive examination, to obtain for those employments the most intelligent and instructed persons procurable; and much has been said and written for and against this proposal. One of the arguments most insisted on by its opponents is that the occupation of a permanent official servant of the State does not hold out sufficient prospects of emolument and importance to attract the highest talents, which will always be able to find a more inviting career in the professions, or in the service of companies and other public bodies. One would not have been surprised if this argument had been used by the friends of the proposition, as an answer to its principal difficulty. Coming from the opponents it is strange enough. What is urged as an objection is the safety - valve of the proposed system. If indeed all the high talent of the country could be drawn into the service of the government, a proposal tending to bring about that result might well inspire uneasiness. If every part of the business of society which required organized concert, or large and comprehensive views, were in the hands of the government, and if government offices were universally filled by tile ablest men, all the enlarged culture and practised intelligence in the country, except the purely speculative, would be concentrated in a numerous bureaucracy, to whom alone the rest of the community would look for all things : the multitude for direction and dictation in all they had to do; the able and aspiring for personal advancement. To be admitted into the ranks of this bureaucracy, and when admitted, to rise therein, would be the sole objects of ambition. Under this régime, not only is the outside public ill – qualified, for want of practical experience, to criticiseor check the mode of operation or the bureaucracy, but even if the accidents of despotic or the natural working of popular institutions occasionally raise to the summit a ruler or rulers of reforming inclinations, no reform can be effected which is contrary to the interest of the bureaucracy. Such is the melancholy condition of the Russian empire, as shown in the accounts of those who have had sufficient opportunity of observation. The Czar himself is powerless against the bureaucratic body; he can send any one of them to Siberia, but he cannot govern without them, or against their will. On every decree of his they have a tacit veto, by merely refraining from carrying it onto effect. In countries of more advanced civilization and of a more insurrectionary spirit, the public, accustomed to expect everything to bc done for them by the State, or at least to do nothing for themselves without asking from the State not only leave to do it, but even how it is to be done, naturally hold the State responsible for all evil which befalls them, and when the evil exceeds their amount of patience, they rise against the government, and make what is called a revolution; whereupon somebody else, with or without legitimate authority from the nation, vaults into the seat, issues his orders to the bureaucracy, and everything goes on much as it did before; the bureaucracy being unchanged, and nobody else being capable of taking their place.

A very different spectacle is exhibited among a people accustomed to transact their own business. In France, a large part of the people, having been engaged in military service, many of whom have held at least the rank of noncommissioned officers, there are in every popular insurrection several persons competent to take the lead, and improvise some tolerable plan of action. What the French are in military affairs, the Americans are in every kind of civil business; let them be left without a government, every body of Americans is able to improvise one, and to carry on that or any other public business with a sufficient amount of intelligence, order, and decision. This is what every free people ought to be : and a people capable of this is certain to be free ; it will never let itself be enslaved by any man or body of men because these are able to seize and pull the reins of the central administration. No bureaucracy can hope to make such a people as this do or undergo anything that they do not like. But where everything is done through the bureaucracy, nothing to which the bureaucracy is really adverse can be done at all. The constitution of such countries is an organization of the experience and practical ability of the nation, into a disciplined body for the purpose of governing the rest; and the more perfect that organization is in itself, the more successful in drawing to itself and educating for itself the persons of greatest capacity from all ranks of the community, the more complete is the bondage of all, the members of the bureaucracy included. For the governors are as much the slaves of their organization and discipline as the governed are of the governors. A Chinese mandarin is as much the tool and creature of a despotism as the humblest cultivator. An individual Jesuit is to the utmost degree of abasement the slave of his order, though the order itself exists for the collective power and importance of its members.

It is not, also, to be forgotten, that the absorption of all the principal ability of the country into the governing body is fatal, sooner or later, to the mental activity and progressiveness of the body itself. Banded together as they are – – working a system which, like all systems, necessarily proceeds in a great measure by fixed rules – – the official body are under the constant temptation of sinking into indolent routine, or, if they now and then desert that mill – horse round, of rushing into some half – examined crudity which has struck the fancy of some leading member of the corps; and the sole check to these closely allied, though seemingly opposite, tendencies, the only stimulus which can keep the ability of the body itself up to a high standard, is liability to the watchful criticism of equal ability outside the body. It is indispensable, therefore, that the means should exist, independently of the government, of forming such ability, and furnishing it with the opportunities and experience necessary for a correct judgment of great practical affairs. If we would possess permanently a skilful and efficient body of functionaries – – – above all, a body able to originate and willing to adopt improvements; if we would not have our bureaucracy degenerate into a pedantocracy, this body must not engross all the occupations which form and cultivate the faculties required for the government of mankind.

To determine the point at which evils, so formidable to human freedom and advancement, begin, or rather at which they begin to predominate over the benefits attending the collective application of the force of society, under its recognised chiefs, for the removal of the obstacles which stand in the way of its well – being; to secure as much of the advantages of centralized power and intelligence as can be had without turning into governmental channels too great a proportion of the general activity – – is one of the most difficult and complicated questions in the art of government. It is, in a great measure, a question of detail, in which many and various considerations must be kept in view, and no absolute rule can be laid down. But I believe that the practical principle in which safety resides, the ideal to be kept in view, the standard by which to test all arrangements intended for overcoming the difficulty, may be conveyed in these words: the greatest dissemination of power consistent with efficiency; but the greatest possible centralization of information, and diffusion of it from the centre. Thus, in municipal administration, there would be, as in the New England States, a very minute division among separate officers, chosen by the localities, of all business which is not better left to the persons directly interested ; but besides this, there would be, in each department of local affairs, a central superintendence, forming a branch of the general government. The organ of this superintendence would concentrate, as in a focus, the variety of information and experience derived from the conduct of that branch of public business in all the localities, from everything analogous which is done in foreign countries, and from the general principles of political science. This central organ should have a right to know all that is done, and its special duty should be that of making the knowledge acquired in one place available for others. Emancipated from the petty prejudices and narrow views of a locality by its elevated position and comprehensive sphere of observation, its advice would naturally carry much authority; but its actual power, as a permanent institution, should, I conceive, be limited to compelling the local officers to obey the laws laid down for their guidance. In all things not provided for by general rules, those officers should be left to their own judgment, under responsibility to their constituents. For the violation of rules, they should be responsible to law, and the rules themselves should be laid down by the legislature; the central administrative authority only watching over their execution, and if they were not properly carried into effect, appealing, according to the nature of the case, to the tribunals to enforce the law, or to the constituencies to dismiss the functionaries who had not executed it according to its spirit. Such, in its general conception, is the central superintendence which the Poor Law Board is intended to exercise over the administrators of the Poor Rate throughout the country. Whatever powers the Board exercises beyond this limit were right and necessary in that peculiar case, for the cure of rooted habits of maladministration in matters deeply affecting not the localities merely, but the whole community; since no locality has a moral right to make itself by mismanagement a nest of pauperism, necessarily overflowing into other localities, and impairing the moral and physical condition of the whole labouring community. The powers of administrative coercion and subordinate legislation possessed by the Poor Law Board (but which, owing to the state of opinion on the subject, are very scantily exercised by them), though perfectly justifiable in a case of first-rate national interest, would be wholly out of place in the superintendence of interests purely local. But a central organ of information and instruction for all the localities would be equally valuable in all departments of administration. A government cannot have too much of the kind of activity which does not impede, but aids and stimulates, individual exertion and development. The mischief begins when, instead of calling forth the activity and powers of individuals and bodies, it substitutes its own activity for theirs; when, instead of informing, advising, and, upon occasion, denouncing, it makes them work in fetters, or bids them stand aside and does their work instead of them. The worth of a State, in the long run, is the worth of the individuals composing it; and a State which postpones the interests of their mental expansion and elevation to a little more of administrative skill, or of that semblance of it which practice gives, in the details of business ; a State which dwarfs its men, in order that they maybe more docile instruments in its hands even for beneficial purposes – – will find that with small men no great thing can really be accomplished; and that the perfection of machinery to which it has sacrificed everything will in the end avail it nothing, for want of the vital power which, in order that the machine might work more smoothly, it has preferred to banish.